PORTO

ROBIN GAULDIE

DK | Penguin Random House

Highlights

Themen

Inhalt

Stadtteile

Reise-Infos

Die TOP10-Listen in diesem Buch sind nicht nach Rängen oder Qualität geordnet. Alle zehn Einträge sind in den Augen des Herausgebers von gleicher Bedeutung.

Umschlag Vorderseite & Buchrücken
Blick über die prachtvolle Ponte Dom Luís I, ein Wahrzeichen der Stadt, auf Porto
Umschlag Rückseite, im Uhrzeigersinn von links oben
Weinberge der Quinta do Crasto; Kloster Sé do Porto; Ponte Dom Luís I über den Douro; historische Trambahn in Portos Altstadt
Titelseite
Blick von Vila Nova de Gaia mit der Seilbahn auf Portos Altstadt

Die Informationen in diesem TOP10-Reiseführer werden regelmäßig aktualisiert.

Angaben wie Telefonnummern, Öffnungszeiten, Adressen, Preise und Fahrpläne können sich jedoch ändern. Der Verlag kann für fehlerhafte oder veraltete Angaben nicht haftbar gemacht werden. Für Hinweise, Verbesserungsvorschläge und Korrekturen ist der Verlag dankbar. Bitte richten Sie Ihr Schreiben an:

Dorling Kindersley Verlag GmbH
Redaktion Reiseführer
Arnulfstraße 124 • 80636 München
reise@dk.com

Willkommen in Porto

Pastellfarbene Häuser und mit Azulejos verkleidete Barockkirchen, mittelalterliche Festungen und prächtige Plätze prägen das Antlitz der Stadt. Über den Douro spannen sich atemberaubende Brücken. Die Uferfront mit ihren *tascas* und *tabernas* ist bei Sonnenuntergang besonders stimmungsvoll. In vielen Kellereien kann man Portwein, Portugals berühmtestes Exportgut, genießen. Mit diesem Reiseführer sind Sie hautnah dabei.

Portos Altstadt gehört seit 1996 zum UNESCO-Welterbe. Die **Sé do Porto** fasziniert mit Kunst und Architektur vieler Jahrhunderte, die **Torre dos Clérigos** mit der wohl schönsten Aussicht über die Stadt – zuerst muss man jedoch rund 220 Stufen meistern. Entspannung versprechen die *tabernas* am farbenfrohen **Cais da Ribeira** und in **Vila Nova de Gaia**. In vielen uralten Kellereien kann man feinsten Portwein genießen. Porto pflegt seine Traditionen – und ist gleichzeitig zukunftsorientiert. Auf bunten Märkten genießt man Spezialitäten der Region, in Sternerestaurants kreativ variierte Klassiker, mit zeitgenössischer Musik lockt die **Casa da Música**, ein futuristisches polygonales Bauwerk im Herzen von **Boavista**.

Von den kunstvollen Azulejos an den historischen Häusern bis zu den zeitgenössischen Werken im **Museu de Serralves** gibt es überall kulturelle Schätze zu entdecken. Bezaubernde Abwechslung vom Trubel der Stadt bieten die grünen **Jardins do Palácio de Cristal** und im Umland die gepflegten Strände von **Foz do Douro** und die Hügel des Douro-Tals.

Ob für den Wochenendtrip oder den Wochenurlaub: Der TOP**10** *Porto* zeigt Ihnen die schönsten Seiten der Stadt – von fantastischer Kunst bis zu einer Bootsfahrt auf dem Douro bei Sonnenuntergang. Hinzu kommen unentbehrliche Tipps sowie sieben Spaziergänge und Touren, die Sie in kurzer Zeit zu möglichst vielen Sehenswürdigkeiten führen. Dank detaillierter Karten finden Sie sich schnell zurecht. **Viel Spaß mit diesem Reiseführer und viel Spaß in Porto!**

Im Uhrzeigersinn von oben: **Ponte Dom Luís I, Igreja do Carmo, Weinberge der Quinta do Crasto, Praça da Ribeira, Maurischer Saal im Palácio da Bolsa, Casa da Música, Weinkeller der Quinta da Pacheca**

Porto entdecken

Porto ist eine Postkartenschönheit mit eindrucksvollen Beispielen historischer und moderner Architektur, idyllischen Parks und markanten Uferfronten. Entdecken Sie die Facetten der faszinierenden Stadt, und genießen Sie die Pausen in *tabernas* und *tascas*. Die zwei- und viertägigen Touren führen Sie zu den wichtigsten Sehenswürdigkeiten.

Die nostalgische Linha 1 fährt am Flussufer des Douro entlang.

Zwei Tage in Porto

Tag ❶

Vormittags

Von der beeindruckenden Kathedrale **Sé do Porto** *(siehe S. 12f)* spazieren Sie zur prächtigen **Igreja de São Francisco** *(siehe S. 16f)*. Danach nehmen Sie an einer Führung durch den **Palácio da Bolsa** *(siehe S. 14f)* teil und essen dann am **Cais da Ribeira** *(siehe S. 20f)* im **Restaurante Mercearia** *(siehe S. 77)* zu Mittag.

Nachmittags

Weiter geht es über die **Ponte Dom Luís I** *(siehe S. 65)* und hinauf zum Panoramablick am **Mosteiro da Serra do Pilar** *(siehe S. 34f)*. Nach einer Führung durch einen **Weinkeller** in Vila Nova de Gaia *(siehe S. 99)* gehen Sie im **Dourum** *(siehe S. 101)* essen.

Tag ❷

Vormittags

Spannende Kunst, Art-déco-Architektur und ein herrlicher Park erwarten Sie in **Serralves** *(siehe S. 28–31)*. Im **Museu Nacional Soares dos Reis** *(siehe S. 32f)* bewundern Sie die Skulpturen, mittags essen Sie im **Digby** *(siehe S. 85)*.

Nachmittags

Nach einem Spaziergang durch die **Jardins do Palácio de Cristal** *(siehe S. 26f)* steigen Sie auf die **Torre dos Clérigos** *(siehe S. 18f)* und genießen die abendliche Aussicht. Danach schmeckt das Essen im Restaurant **Galeria de Paris** *(siehe S. 77)*.

Vier Tage in Porto

Tag ❶

Vormittags

Nach einer Führung durch den **Palácio da Bolsa** *(siehe S. 14f)* bewundern Sie das goldene Interieur in der **Igreja de São Francisco** *(siehe S. 16f)*. Danach lassen Sie sich am **Cais da Ribeira** *(siehe S. 20f)* im **Bacalhau** *(siehe S. 77)* Seafood schmecken.

Von den Restaurants und Bars am **Cais da Ribeira** hat man einen schönen Blick auf den Douro und den Ponte Dom Luís I.

Nachmittags
Ganz gemütlich fahren Sie mit der nostalgischen Tram **Linha 1** *(siehe S. 50)* an der Uferfront entlang nach Foz do Douro. Dort besichtigen Sie die **Fortaleza de São João** *(siehe S. 104)* und spazieren im weiten Park von **Serralves** *(siehe S. 29–31)*. Abends essen Sie in Foz in der **Bar Tolo** *(siehe S. 107)* in Ufernähe.

Tag ❷

Vormittags
Nach ein paar Stunden im **Museu Nacional Soares dos Reis** *(siehe S. 32f)* essen Sie in der **Taberna Santo António** *(siehe S. 85)* zu Mittag.

Nachmittags
Erkunden Sie den **Parque das Virtudes** *(siehe S. 49)*, das **Centro Português de Fotografia** *(siehe S. 79)* und die **Sé do Porto** *(siehe S. 12f)*. Am Abend genießen Sie in der **Casa da Mariquinhas** *(siehe S. 77)* Fado und portugiesische Küche.

Tag ❸

Vormittags
Nach einem Besuch in den **Jardins do Palácio de Cristal** *(siehe S. 26f)* mit dem **Museu Romântico** essen Sie in der **Taberna do Cais das Pedras** *(siehe S. 85)*.

Nachmittags
Spazieren Sie über die **Ponte Dom Luís I** *(siehe S. 65)* und hinauf zum **Mosteiro da Serra do Pilar** *(siehe S. 34f)*, verkosten Sie Portwein in einem **Weinkeller** *(siehe S. 99)*, und essen Sie im **The Blini** *(siehe S. 101)*.

Tag ❹

Vormittags
Nach der **Casa da Música** *(siehe S. 24f)* stehen die **Igreja dos Carmelitas** *(siehe S. 80)* und Mittagessen in der **Galeria de Paris** *(siehe S. 77)* auf dem Programm.

Nachmittag
Besichtigen Sie **Igreja & Torre dos Clérigos** *(siehe S. 18f)*, stöbern Sie in der **Livraria Lello** *(siehe S. 75)*, und spazieren Sie zum **Estação de São Bento** *(siehe S. 71)* und zur **Igreja de Santo Ildefonso** *(siehe S. 72)*. Abends essen Sie im **Da Terra** *(siehe S. 77)*.

Highlights

Mit kunstvollen Azulejos verzierter gotischer Kreuzgang der Sé do Porto

TOP 10 Highlights

Portugals zweitgrößte Stadt liegt überaus pittoresk an der Mündung des Douro. In der Altstadt drängen sich Kirchen, Barock- und Rokoko-Paläste, südlich davon pulsiert im mittelalterlichen Gassengewirr von Ribeira das Nachtleben. Porto begeistert auch mit Parks und moderner Architektur.

1 Sé do Porto

Die altehrwürdige Kathedrale bietet herrliche sakrale Kunst und einen schönen Blick auf die Stadt *(siehe S. 12f)*.

2 Palácio da Bolsa

Blattgold, Marmor und Eichenholz prägen diesen Handelstempel *(siehe S. 14f)*.

3 Igreja de São Francisco

Der barocke Innenraum hinter der schlichten Fassade strahlt im Glanz der vergoldeten Holzschnitzereien *(siehe S. 16f)*.

4 Igreja & Torre dos Clérigos

Der 75 Meter hohe barocke Glockenturm der Igreja dos Clérigos ist Portos höchstes Wahrzeichen. Den mühsamen Aufstieg über 225 Stufen belohnt ein fantastischer Panoramablick über Stadt und Fluss *(siehe S. 18f)*.

5 Cais da Ribeira

Hohe alte Häuser in bunten Farben säumen die quirligen Kais an Portos Uferfront, dem beliebtesten Ausgehviertel der Stadt *(siehe S. 20f)*.

6 Casa da Música

Der elfstöckige Polyeder ist Portos bedeutendstes Kulturzentrum und steht mit seinen klaren Linien in starkem architektonischem Kontrast zur Altstadt *(siehe S. 24f)*.

Jardins do Palácio de Cristal 7

Mit seinen Brunnen, Blumenbeeten und Pfauen bietet der Landschaftspark aus dem 19. Jahrhundert Erholung vom Trubel der Stadt – und dazu einen weiten Blick auf den Douro *(siehe S. 26f)*.

8 Serralves

Serralves ist Sitz der Fundação de Serralves. In einem weitläufigen schönen Park mit beeindruckenden Skulpturen stehen ein großartiges Museum für moderne Kunst und eine Art-déco-Villa *(siehe S. 28–31)*.

9 Museu Nacional Soares dos Reis

Kern der exzellenten portugiesischen Kunstsammlung in der einst königlichen Residenz bilden Skulpturen von António Soares dos Reis aus Porto *(siehe S. 32f)*.

Mosteiro da Serra do Pilar 10

Die Klosterkirche aus dem 16. Jahrhundert steht in Vila Nova de Gaia am Südufer des Douro. Sie ist opulent mit Gold und farbig gefassten Holzschnitzereien ausgestattet *(siehe S. 34f)*.

TOP 10 Sé do Porto

Portos Zentrum wird von einem der ältesten Bauwerke der Stadt beherrscht, der prächtigen Sé. Die Kathedrale wurde unter Portugals erstem König errichtet, Türme und Fassade stammen aus dem 12. Jahrhundert. Seitdem wurde sie erweitert und in diversen Baustilen umgebaut. In der Sé heirateten 1387 König João I von Portugal und die englische Prinzessin Philippa of Lancaster.

1 Schiff

Die schiere Höhe der Sé zeigt sich am deutlichsten in ihrem engen romanischen Kirchenschiff mit dem Tonnengewölbe. Die Wände sind relativ schlicht gehalten, was die Wirkung noch verstärkt.

2 Hauptaltar

Der Hauptaltar *(links)* stand schon bei der Vermählung von König João I und Philippa of Lancaster sowie bei der Taufe Heinrichs des Seefahrers. Die vergoldeten Holzschnitzereien und Spiralsäulen sind Meisterwerke des Barock.

3 Kapelle des João Gordo

Sehenswerte Reliefs der zwölf Apostel zieren die Wände des Grabmals des Hospitaliters – eines Ritters des Johanniterordens – João Gordo. Eine Darstellung Gordos schmückt die Oberseite seines Sarkophags.

Infobox

Karte F4 ■ Terreiro da Sé ■ +351 222 059 028

■ tägl. 9–18.30 Uhr (Nov–März: bis 17.30 Uhr).

■ Eintritt 3 € für Kreuzgang, Schatzkammer und Kapitelsaal (Ermäßigung für Studierende, Kinder unter 10 Jahren frei)

■ Nach der Besichtigung der Kathedrale lohnt ein Spaziergang hinunter zur schmalen Rua dos Mercadores gleich östlich der Sé. Dort schmecken in der gemütlichen Taberna dos Mercadores *(siehe S. 60)* ein portugiesisches Mittagessen und dazu ein Glas Wein aus dem nahen Douro-Tal.

4 Kapitelsaal

Wunderschöne Azulejos schmücken die Wände des Kapitelsaals, dessen Decke aufwendig bemalt ist. Die zu dem Raum führende Granittreppe ist ein Werk des italienischen Architekten Nicolau Nasoni *(siehe S. 19)*, von dem einige Bauten in Porto stehen.

5 Schatzkammer

Glitzerndes Gold und Silber, Priesterornate und einige der ersten gedruckten Bücher sind in der Schatzkammer zu sehen. Ein großer Teil des Silbers und Goldes, das Portugal in seinen südamerikanischen Kolonien plünderte, ging an die katholische Kirche.

6 Terreiro da Sé

Von der hoch gelegenen Terrasse vor der Kathedrale reicht die atemberaubende Aussicht weit über die Stadt – und man hat einen exzellenten Blick auf die Fassade der Sé *(unten)*.

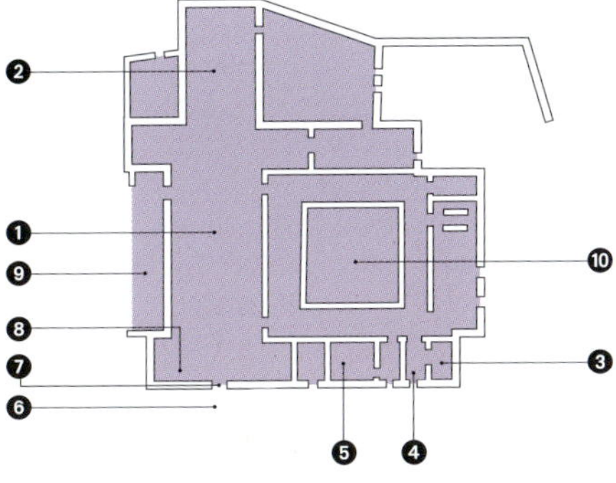

7 Fensterrosette

Besonders augenfällig sind die schöne Fensterrosette über den Orgelpfeifen *(oben)* und das barocke Hauptportal der Kathedrale. An der Maueroberkante über dem Fenster ragen Zinnen auf, die eher typisch für befestigte Bauwerke sind.

8 Nordturm

An dem Glockenturm zur Linken des Hauptportals erinnert das verwitterte Basrelief eines Handelsschiffs aus dem 14. Jahrhundert an Portos lange Seefahrtsgeschichte.

9 Loggia

Im Jahr 1736 baute Nasoni die barocke Loggia an der Nordseite der Kathedrale an. Sie ist mit Azulejos im Stil der damaligen Zeit verziert.

10 Kreuzgang

Der gotische Kreuzgang *(oben)* aus der Regierungszeit von König João I (1387–1433) kann gegen eine geringe – gerechtfertigte – Gebühr besichtigt werden. Die kunstvollen blau-weißen Azulejos an den Wänden entwarf der portugiesische Künstler Valentim de Almeida 1730. Sie zeigen Szenen aus den *Metamorphosen* des römischen Dichters Ovid und aus dem Leben der Jungfrau Maria.

TOP 10 Palácio da Bolsa

Der aus Porto stammende Architekt Joaquim da Costa Lima Júnior baute die ehemalige Börse als klassizistischen Palast. Das prachtvolle Gebäude sollte wohlhabende Kaufleute ermutigen, in die Betriebe und Handelsunternehmen der Stadt zu investieren. Das zurückhaltende Äußere steht im Kontrast zur extravaganten Innenausstattung, die vom geradezu obszönen Reichtum von Portugals Elite im 19. Jahrhundert zeugt.

1 Gerichtssaal

In dem lichtdurchfluteten Saal im französischen Renaissance-Stil schmücken opulente Bilder des in Galicien geborenen portugiesischen Malers Veloso Salgado die Decke und hohen Wände *(oben)*.

Bei einer umfangreichen Sanierung von 2007 bis 2014 erlangten auch die gewaltigen Fenster ihre einstige Schönheit zurück.

2 Porträtraum

Das kunstvolle Parkettmuster des Porträtraums erzielt die optische Wirkung von dreidimensionalen Würfeln. Der kleine, im Louis-XVI-Stil gehaltene Raum ist sechs Königen des Hauses Braganza gewidmet – Portugals Herrscherdynastie von 1640 bis zur Gründung der Republik 1910.

3 Prunktreppe

Die 1868 von Gustavo Adolfo Gonçalves e Sousa entworfene geschwungene Granittreppe *(unten)* ist mit detailreichem Dekor verziert. Durch ein Oberlicht fällt reichlich Tageslicht ein. Die beiden Originalkronleuchter über der Treppe erinnern daran, dass die Börse als eines der ersten Gebäude in Porto mit Strom versorgt wurde.

4 Galerie der ehemaligen Präsidenten

Das zu einer Porträtgalerie umgebaute Büro ist den ehemaligen Präsidenten von Portos Handelskammer gewidmet, die hier noch immer ihren Hauptsitz hat.

5 Versammlungsraum

Von seinen Architekten wurde der Versammlungsraum so unglaublich kunstvoll mit Gips verziert, dass die Wandpaneele erstaunlich realistisch wie aus echtem Holz erscheinen.

Infobox

Karte F5

- Rua Ferreira Borges
- +351 223 399 013
- www.palaciodabolsa.com
- tägl. 9–18.30 Uhr
- Besuch nur im Rahmen von 45-minütigen Führungen auf Englisch, Französisch, Spanisch oder Portugiesisch möglich.
- Eintritt 12 € (Studenten & Senioren 7,50 €, Kinder unter 12 Jahren frei)

- Das reizende Restaurant O Comercial hinter dem Pátio das Nações serviert exzellente moderne portugiesische Küche.

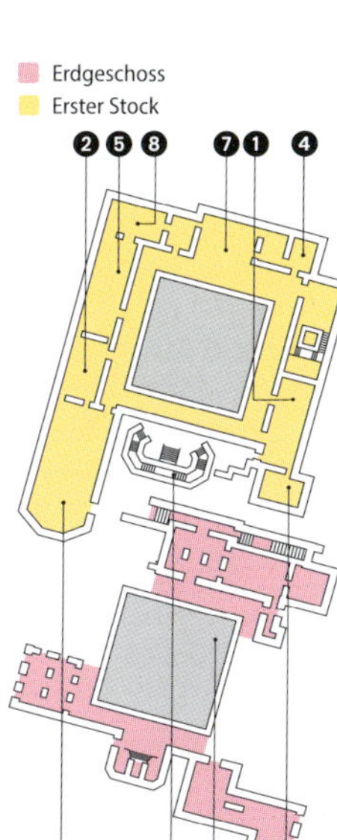

10 Geschworenenzimmer

In dem eleganten Zimmer saßen vor Handelsgerichtssitzungen die Geschworenen. Die zwölf Bilder sind ein Geschenk des portugiesischen Malers Henrique Medina an die Handelskammer.

6 Maurischer Saal

Der faszinierende Salão árabe *(oben)* ist ein Werk von Gustavo Adolfo Gonçalves de Sousa – und das gestalterische Highlight des Palácio. Sein Bau begann 1862 und dauerte 18 Jahre. Für die maurischen Motive und Formen diente die Alhambra in Granada als Vorbild.

7 Gustave-Eiffel-Raum

Gustave Eiffel besuchte den Palácio da Bolsa, als er die Pläne für die Ponte Dona Maria Pia erstellte. Das einstige Arbeitszimmer ist heute dem Pionier der Eisenarchitektur gewidmet.

8 Goldener Raum

Der Raum mit dem eleganten Boden besticht durch schöne Holzmöbel und eine vergoldete Stuckdecke.

9 Pátio das Nações

Eine Glaskuppel wölbt sich über dem Börsenparkett *(unten)*. An den Wänden repräsentieren 20 Wappen Portugals wichtigste Handelspartner.

TOP 10 Igreja de São Francisco

Portos beeindruckendste Kirche wurde zwischen 1383 und 1425 erbaut und als gotisches Meisterwerk 1910 zum nationalen Monument erklärt. Wie viele Bauwerke in Porto wurde auch sie mehrfach umgebaut und erweitert. Der Kirchenraum ist opulent mit *talha dourada* geschmückt – das vergoldete Holzschnitzwerk bedeckt fast sämtliche Flächen. Im Gegensatz zum der Armut verpflichteten Franziskanerorden stellten die Mäzene der katholischen Kirche ihren Reichtum gerne zur Schau.

1 Schiff

Das Mittelschiff wirkt wie einem Märchen entsprungen. Für die Vergoldungen wurden nach Schätzungen mehr als 400 Kilogramm Gold verarbeitet.

2 Museum

Das angrenzende Museum zeigt auf zwei Etagen Dauerausstellungen über den Franziskanerorden und die Geschichte von Porto.

3 Statue Franz von Assisis

Die polychrome Granitstatue des heiligen Franziskus aus dem 13. Jahrhundert steht in einer Nische rechts neben dem Hauptportal. Sie ist eines der wenigen Kunstwerke, die bereits die ursprüngliche Kirche schmückten.

4 Hauptaltar

Der von großen Fenstern von hinten erhellte Hauptaltar ist der überwältigende Mittelpunkt der Hauptkapelle. Die Altarbilder von 1718 werden von vergoldeten Salomonischen Säulen sowie von Skulpturen von Franziskanermönchen flankiert.

5 Holzschnitzwerk

Dank großzügiger Spenden von Portos reichsten Mäzenen wurde das Gotteshaus im 17. und 18. Jahrhundert mit kunstvoller *talha dourada* so üppig dekoriert, dass die opulenten vergoldeten Holzschnitzereien *(links)* fast jeden Zentimeter des Innenraums bedecken.

6 Wurzel Jesse

Ein augenfälliges Element der Ausstattung ist der farbig gefasste Altar mit dem Motiv der Abstammung Jesu *(oben)*. Darstellungen des Stammbaums Jesu z. B. auf Gemälden, Buntglasfenstern oder in Form von Holzschnitzereien waren besonders im 18. Jahrhundert sehr beliebt.

Infobox

Karte F5 ■ Rua do Infante Dom Henrique ■ www.ordemsaofrancisco.pt

■ März–Juni & Okt: tägl. 9–19 Uhr; Juli–Sep: tägl. 9–20 Uhr; Nov–Feb: tägl. 9–17.30 Uhr

■ Eintritt 7,50 €

■ Links vom Hauptportal zeigt das Wandbild der Nossa Senhora da Rosa aus dem 15. Jahrhundert – eines der ältesten in Portugal – die Gottesmutter als Rosa mystica.

■ Die Altäre in den drei Schiffen der Kirche stammen aus verschiedenen Epochen und von diversen Meistern.

■ Stärkung bietet das nahe gelegene Restaurant Jimão Tapas e Vinhos *(siehe S. 77)*, das in Ufernähe exzellente *petiscos* serviert.

7 Fensterrosette

Das Westportal wurde im Lauf der Zeit stark verändert. Die Fensterrosette *(oben)* ist ein gotisches Originalelement an dieser Seite der Kirche.

8 Südportal

Im Gegensatz zur barocken Westfassade ist das zum Fluss gerichtete Südportal weitgehend im gotischen Stil erhalten. Über den Zierbogen im islamischen Stil prangt ein Pentagramm unter dem dreieckigen Giebel.

Katakomben 9

In den Katakomben *(rechts)* der Krypta unter der Kirche sind einige Mitglieder des Franziskanerordens bestattet. In einer Ecke blickt man durch ein Gitter im Boden in das Beinhaus hinunter.

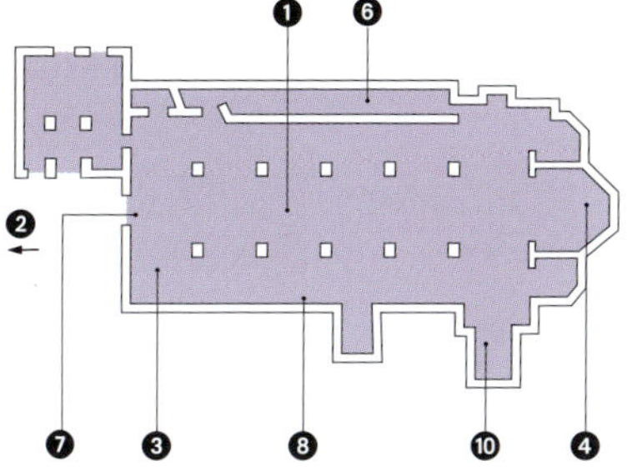

10 Kapelle des Johannes des Täufers

Im südlichen Querschiff ist die Capela São Baptista mit dem geschnitzten Portal und schönem Kreuzrippengewölbe im manuelinischen Stil ein Werk des portugiesischen Architekten Diogo de Castilho. Sie zieren ein Barockaltar und ein Gemälde der Taufe Jesu.

TOP 10 Igreja & Torre dos Clérigos

Als der italienische Architekt Nicolau Nasoni in den 1760er Jahren den Glockenturm der Igreja dos Clérigos errichtete, war dieser mit 76 Metern das höchste Bauwerk Portugals. Er bietet einen fantastischen Blick über die Stadt. Die auch von Nasoni erbaute Kirche ist ein barockes Meisterwerk und seit 1910 als nationales Monument klassifiziert.

1 Treppe

Nach dem anstrengenden Aufstieg über die 225 Stufen einer schwindelerregenden Wendeltreppe wird man mit einem Panoramablick *(oben)* über Portos Dächerlandschaft belohnt.

2 Glocken

Das melodische Läuten der Glocken hört man in der ganzen Stadt. Es dröhnt extrem laut, wenn man gerade die enge Treppe im Turm hinaufsteigt.

3 Pfeifenorgeln

Zwei imposante iberische Pfeifenorgeln nehmen die sich gegenüberliegenden Seiten der Hauptkapelle ein. Sie wurden von 1774 bis 1779 erbaut.

Infobox

Karte F4 ■ Rua de São Filipe de Nery ■ www.torredosclerigos.pt

■ tägl. 9–19 Uhr (Turm bis 23 Uhr)

■ Eintritt 8 € für Torre dos Clérigos und Clérigos-Museum (Kinder unter 10 Jahren frei)

■ Führung durch das Museum, die Kirche und den Turm 9,50 €

■ Am besten besichtigen Sie die Kirche gegen Mittag, wenn das tägliche Orgelkonzert stattfindet. Einzelheiten finden Sie auf der Website.

■ Die Schönheit des Kirchenschiffs entdeckt man am besten vom Balkon über der Apsis.

■ Anschließend stärken Sie sich im Café Porta do Olival *(siehe S. 76)* gleich um die Ecke.

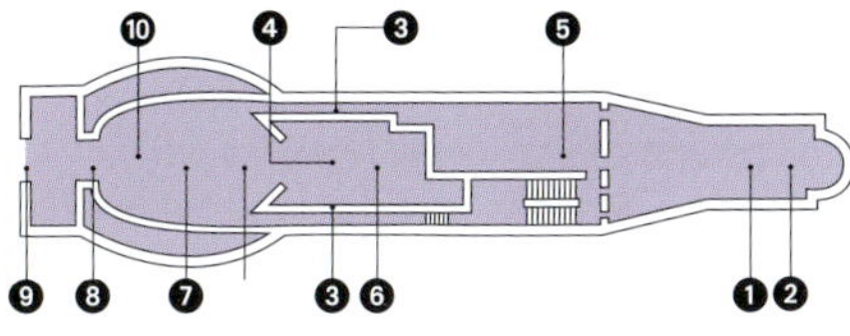

4 Krypta

Der italienische Künstler und Architekt Nicolau Nasoni entwarf außer Igreja und Torre dos Clérigos viele weitere Bauwerke in Porto, wo er die längste Zeit seines Lebens verbrachte. Er ist in der Krypta der Kirche bestattet, die genaue Stelle seines Grabs ist allerdings unbekannt.

7 Kuppel

Das Wappen der Bruderschaft der Kleriker, für die die Kirche erbaut wurde, markiert das Zentrum der Kuppel über dem hohen Altar. Das Tageslicht, das dahinter durch runde Fenster hereinströmt, fällt auf einige überaus alte vergoldete Schnitzereien.

5 Clérigos-Museum

Die faszinierende Sammlung des kleinen Museums im Haus der Bruderschaft gleich neben der Kirche umfasst Gemälde, Möbel, Skulpturen, sakrale Kunstwerke *(oben)* und Schmuck.

6 Altar

Im Zentrum von Manuel dos Santos Portos polychromem Rokoko-Altar aus Marmor steht die Figur der Maria Assunta, der Patronin der Bruderschaft. Den Altar flankieren Statuen der beiden anderen Schutzheiligen der Bruderschaft, Peter ad Vincula und Philipp Neri.

8 Capela da Lapa

Die ehemalige Totenhalle unter der Kirche wurde wie das gesamte Bauwerk 2014 sorgfältig restauriert. Das Cruz da Cassoa, ein Marmorkreuz mit gemaltem Jesus Christus, wurde damals von der Capela in das nahe gelegene Haus der Bruderschaft gebracht, wo es bis heute aufbewahrt wird.

9 Fassade

Die mit Muscheln und Girlanden verzierte Fassade *(oben)* zählt zu den schönsten Arbeiten Nasonis. Die geteilte Treppe wurde 1763 vollendet, die langen Seitenfassaden verweisen auf den elliptischen Grundriss im Inneren.

10 Schiff

Die Marmor- und Granitwände des – damals ungewöhnlich – ovalen Schiffs sind reich mit vergoldeten Schnitzereien verziert. Das Highlight ist jedoch der prachtvolle Altar.

Nicolau Nasoni

Der bekannte Maler und Architekt Nicolau Nasoni (1692–1773) wurde in San Giovanni Valdarno in der Toskana geboren und studierte in Siena. Nach Stationen als Freskenmaler in Rom und im Auftrag des Malteserordens in der Kathedrale von Valletta auf Malta zog er 1725 nach Porto, wo er bis zu seinem Tod blieb. In dieser Stadt stieg er zu einem der einflussreichsten Architekten des portugiesischen Barock und Rokoko auf.

Torre dos Clérigos

TOP 10 Cais da Ribeira

Portos Uferpromenade wird von pastellfarbenen Häusern, *tabernas* und *tascas* gesäumt. Hier flanieren die Einheimischen auf ihrem abendlichen *passeio*, während Straßenmusiker Unterhaltung bieten. Hier legen auch die Ausflugsboote ab. Vom Cais da Ribeira und von der nahen Ponte Dom Luís I ist der Blick auf den Douro spektakulär.

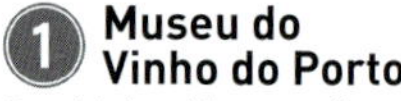

1 Museu do Vinho do Porto

Das kleine Museum in einem Lagerhaus aus dem 18. Jahrhundert widmet sich dem berühmtesten Exportgut der Region: Portwein. Hier erfährt man alles über Produktion, Abfüllung, Transport und Auswirkungen des Handels auf die Stadt.

Portos sechs Brücken

Gustave Eiffels 1807 fertiggestellte Ponte Dona Maria Pia *(siehe S. 54)* war Portos erster offizieller Übergang über den Douro. Die Ponte Dom Luís I am Cais da Ribeira ist nach wie vor ein markantes Wahrzeichen. Heute fahren die Züge über die nahe Ponte de São João. Weniger spektakulär sind die moderneren Brücken Freixo und Infante Dom Henrique. Ein einmaliges Erlebnis ist der Aufstieg auf die Ponte da Arrábida *(siehe S. 50)*.

2 Flussfahrt im Barco Rabelo

Auf Bootstouren *(links)* entdeckt man die Stadt und ihre Brücken aus einer neuen Perspektive. Besonders beliebt ist die Sechs-Brücken-Tour. Im Sommer sollte man vorab buchen.

3 Alminhas da Ponte

António Teixeira Lopes' Bronzerelief erinnert an die Tausenden Menschen, die 1809 auf der Flucht vor Napoléons Truppen beim Untergang der Bootsbrücke Ponte das Barcas ertranken *(siehe S. 38)*.

4 Casa do Infante

Angeblich wurde in diesem Haus – heute ein kleines, interessantes Museum – Heinrich der Seefahrer geboren, der Sohn des Königs João I.

5 Ponte Dom Luís I

Die Straße unter der Eisenbrücke heißt zwar nach Gustave Eiffel, erbaut wurde sie allerdings von Eiffels fast vergessenem Partner Théophile Seyrig. Die Brücke ist Seyrigs Denkmal und für Porto als Wahrzeichen so bedeutend wie der Eiffelturm für Paris *(rechts)*.

6 Monumento ao Duque da Ribeira

Das Denkmal erinnert an den Schiffer Duque da Ribeira, der bei der Katastrophe der Ponte das Barcas viele vor dem Ertrinken rettete.

8 Rua da Fonte Taurina

Die schmale Straße *(links)* westlich der Praça da Ribeira gilt als eine der ältesten in Porto. Mit ihren vielen Bars und Restaurants ist sie sehr lebendig und perfekt zum Mittagessen.

7 Praça da Ribeira

Auf diesem Platz plätschern zwei Brunnen: in der Mitte José Rodrigues' moderne Fonte do Cubo (1970) und daneben die Fonte Ribeira (18. Jh.). Sie ist Portos Schutzpatron São João gewidmet.

9 Pilares da Antiga Ponte Pensil

Nicht weit von der berühmten Ponte Dom Luís I entfernt finden sich noch Relikte der alten Hängebrücke, die von 1842 bis 1887 Ribeira und Vila Nova de Gaia miteinander verband.

10 Elevador da Ribeira

Der Elevador – oder auch Ascensor – da Ribeira *(oben)* transportiert Fußgänger hinauf in die höheren Lagen von Ribeira, wo ein herrlicher Blick auf den Douro wartet. Präsident Soares eröffnete ihn 1994.

Infobox

Karte F5

Museu do Vinho do Porto: Rua da Reboleira 37 ■ Metro: São Bento ■ www.museudoporto.pt ■ Di–So 10–17.30 Uhr, Feiertage geschl. ■ Eintritt 4 €

Casa do Infante: Rua da Alfândega 10 ■ +351 222 060 435 ■ Di–So 10–17.30 Uhr (letzter Einlass 30 Minuten vor Schließung) ■ Eintritt 4 €

■ Ausflugsboote legen täglich vom Cais da Ribeira bei der Praça da Ribeira sowie am gegenüberliegenden Ufer in Vila Nova de Gaia ab. Eine 50-minütige Brückentour kostet ab 18 €. Abendausflüge und Dinnerkreuzfahrten müssen vorab gebucht werden. Zwischen November und Februar werden weniger Fahrten angeboten.

TOP 10 Casa da Música

Die futuristische Casa da Música ist das Kronjuwel von Boavista. Die kantigen Linien des postmodernen Meisterwerks bilden einen reizvollen Kontrast zur umliegenden sanft gewellten Plaza. Das vom niederländischen Architekten Rem Koolhaas entworfene Gebäude ist seit seiner Vollendung 2005 ein Wahrzeichen der Stadt und als Sitz des Orquestra Sinfónica do Porto ihr wichtigster Konzertsaal. Am besten erlebt man die Casa bei einem Konzert, Führungen werden täglich angeboten.

1 VIP-Raum

Hier verbinden sich portugiesische und holländische Elemente *(oben)*. Die Azulejos zeigen Heinrich den Seefahrer *(siehe S. 39)* und Szenen von Ceutas Eroberung 1415. Die Aussicht durch die riesigen Fenster ist fantastisch.

2 Östliches Foyer

Der 17 Meter hohe weitläufige Raum bildet eine wichtige Verbindung zwischen dem Inneren und der Umgebung des Gebäudes. Er lässt viel Tageslicht in die Sala Suggia, den Hauptkonzertsaal der Casa da Música, einfallen. Passanten in der Rotunda da Boavista haben die Möglichkeit, während der Konzerte in den Hauptsaal zu schauen.

3 Dachterrasse

Die bemerkenswerte schwarz-weiß geflieste Terrasse *(links)* ist so geschickt in das Dach der Casa da Música integriert, dass man über ihre abfallenden Wände weit über die Stadt blicken kann.

4 Sala Suggia

Der Hauptsaal *(oben)* für 1300 Besucher heißt nach Portos Cellistin Guilhermina Suggia (1885–1950). Das goldene Muster an den Wänden ist eine Hommage an die vergoldeten Schnitzereien portugiesischer Kirchen. Durch die Glaswände fällt bei Konzerten Tageslicht.

5 Mehrzweckraum

Die Akustik im Mehrzweckraum ist für Konzerte nicht ideal, meist wird er für Veranstaltungen genutzt.

Vorhergehende Doppelseite Bunte Häuser säumen den Cais da Ribeira

8 Außenhaut

In der Mitte einer großen modernen Plaza führt eine breite Metalltreppe in den weißen asymmetrischen Polyeder *(links)* – wie eine Treppe in ein Raumschiff. Es dominieren moderne Materialien wie etwa Sperrholz, gewelltes Glas und weißer Beton.

Kulturelles Wahrzeichen

Anlässlich Portos Wahl zur Europäischen Kulturhauptstadt 2001 schrieb die Stadt einen Wettbewerb für ein neues Kulturzentrum aus, das diesem Titel gerecht würde. Rem Koolhaas' Entwurf war ursprünglich für ein privates Einfamilienhaus gedacht. Da der Auftraggeber das Projekt aufgegeben hatte, erweiterte und modifizierte Koolhaas den Entwurf für den Wettbewerb. Der 2005 eröffnete Konzertsaal ist heute Portos kulturelles Wahrzeichen.

10 Cibermúsica

Die Wände des Saals sind auf der einen Seite mit Gummi und Polyurethanschaum, auf der anderen mit Beton verkleidet. Dies erzeugt eine einzigartige Akustik. Durch ein Fenster sieht man die Bühne im Hauptsaal aus einer anderen Perspektive.

6 Sala 2

Das zweitgrößte Auditorium des Komplexes bietet Platz für 300 sitzende oder 650 stehende Gäste. Es kann für verschiedenste Aufführungen flexibel angepasst werden. Wände und Decke sind mit rot gestrichenem Sperrholz verkleidet.

7 Restaurante Casa da Música

Von der Terrasse des Restaurants im siebten Stock hat man einen tollen Blick auf den Jardim da Rotunda da Boavista und die Stadt.

9 Orgelpfeifen

Das moderne Gebäude integriert historische Elemente. Die beiden unechten Orgeln im Hauptsaal schlagen einen harmonischen Akkord zwischen Portos Vergangenheit und Gegenwart an.

Infobox

Karte D1 ■ Avenida da Boavista 604 – 610 ■ www.casadamusica.com

■ Gebäude und Laden: tägl. 9.30 – 18 Uhr ■ Café: tägl. 9 – 20 Uhr ■ Kartenverkauf: 9.30 – 18 Uhr; tel. Reservierung: +351 220 120 220

■ Führungen 12 € pro Person (Kinder unter 12 Jahren frei)

■ Dank der perfekten Akustik gibt es keine schlechten Plätze. Die Karten kosten für alle Plätze gleich viel.

■ Das weitläufige Café im Erdgeschoss bietet neben Getränken auch Snacks.

TOP 10 ★ Jardins do Palácio de Cristal

Der beliebte Park wurde im 19. Jahrhundert vom deutschen Landschaftsarchitekten Émile David entworfen. Mit Alleen und Teichen, exotischer Flora und Landschaftsgärten ist er ein grünes Refugium vom Trubel der Stadt, auf die man von den Terrassengärten blickt. Der ursprüngliche Palácio de Cristal wurde nach dem Vorbild des Londoner Crystal Palace aus Eisen und Glas für die Internationale Ausstellung 1865 gebaut und in den 1950er Jahren durch den heutigen Pavillon ersetzt.

1 Galeria Municipal do Porto

Das große Gebäude beim Haupteingang bietet moderne Kunst, Workshops und Veranstaltungen, eine Bibliothek und ein Café.

2 Capela de Carlos Alberto

Die Kapelle *(unten)* ist dem König von Sardinien-Piemont gewidmet, der im Exil in Porto starb. Seine Schwester hatte sie nach seinem Tod 1849 erbauen lassen.

3 Avenida das Tílias

Die Hauptallee des Parks führt von der Galeria Municipal bis zur Capela de Carlos Alberto und ist ein guter Orientierungspunkt. Die Bänke in der Mitte laden zum Ausruhen ein.

4 Quatro Estações

In dem runden Garten »Vier Jahreszeiten« beim Hauptpavillon wird jede Jahreszeit durch eine Statue verköpert: Primavera (Frühling), Verão (Sommer), Outono (Herbst) und Inverno (Winter).

5 Gärten

Von Skulpturengärten bis zu Alleen reicht die Bandbreite der zahlreichen Themengärten auf den Terrassen *(rechts)*. An vielen Stellen kann man großartig picknicken und die Aussicht genießen.

6 Pavilhão Rosa Mota

Der nach der Marathon-Olympiasiegerin benannte Pavilhão Rosa Mota *(oben)* dient als Nachfolger des ursprünglichen Palácio de Cristal als Bühne für bedeutende Sportveranstaltungen und Konzerte.

7 Casa do Roseiral

Das gelbe Gebäude *(oben)* hoch über dem Fluss ist die offizielle Residenz von Portos Bürgermeistern, wird aber nur für Veranstaltungen genutzt.

Infobox

Karte D3 ■ Rua Dom Manuel II ■ +351 225 320 080

Park: Rua Dom Manuel II ■ Apr–Sep: tägl. 8–21 Uhr (Okt–März: bis 19 Uhr)

Galeria Municipal: Rua Dom Manuel II ■ Di–So 10–18 Uhr, Feiertage geschl. ■ www.galeriamunicipaldoporto.pt

Museu Romântico: Rua de Entrequintas 220 ■ +351 226 057 032 ■ Di–So 10–17.30 Uhr, Feiertage geschl. ■ Eintritt 4 € ■ www.museudoporto.pt

■ Picknicken ist erlaubt, möglichen Abfall gilt es verantwortungsbewusst zu entsorgen.

■ Einfache portugiesische Küche serviert gleich in der Nähe das Restaurante O Caseirinho *(S. 85)* am Flussufer. Dort hat man einen tollen Blick auf die Ponte da Arrábida.

8 Museu Romântico

Die Quinta da Macieirinha war das Sommerhaus des Portweinbarons António Ferreira Pinto Basto. Heute zeigt hier das Museu Romântico historische Möbel und Kunstgegenstände.

9 Concha Acústica

Die meiste Zeit des Jahres erinnert der Jugendstil-Musikpavillon eher an eine leere Muschelschale – aber im Sommer erwacht er als Konzertbühne auch für Klassik zum Leben.

10 Miradouros

Von den vielen Aussichtspunkten reicht der herrliche Blick nach Vila Nova de Gaia. An besonders hohen Stellen an der Südseite ist die Aussicht über den Fluss *(oben)* zur Ponte da Arrábida und nach Foz do Douro atemberaubend.

TOP 10 Serralves

Serralves ist mit seiner Art-déco-Villa, seinem Museum für moderne Kunst und einem 18 Hektar großen Landschaftspark ein Besuchermagnet. Das Museum entstand 1911 nach einem Entwurf von Álvaro Siza Vieira in dem für den Architekten typischen modernistischen Stil. In Dauer- und Wechselausstellungen präsentiert es einheimische und internationale Künstler. Den weitläufigen Park zieren Skulpturen und Brunnen.

1 Serralves em Festa

Portugals größtes Festival für zeitgenössische Kunst zieht alljährlich im Sommer Tausende Besucher an. Auf dem Gelände des Komplexes finden Veranstaltungen zu Musik, modernem Tanz, Film, Architektur und Theater statt.

2 Museu de Serralves

Im Fokus des 1999 eröffneten Museums *(oben)* steht moderne und zeitgenössische Kunst ab den 1960er Jahren. Alljährlich richtet es zudem mehrere Wechselausstellungen aus.

Infobox

Karte R3 ■ Rua D. João de Castro 210 ■ +351 226 156 500 ■ www.serralves.pt

■ Apr – Sep: Mo – Fr 10 – 19, Sa, So, Feiertage 10 – 20 Uhr; Okt – März: Mo – Fr 10 – 18 Uhr, Sa, So, Feiertage 10 – 19 Uhr; 25. Dez, 1. Jan geschl.

■ Eintritt 20 € für Museu de Serralves, Casa de Serralves und Park; 13 € für Museum und Park; 13 € für Casa de Serralves und Park

■ Seit 2019 gibt es einen Treetop Walk (Baumwipfelpfad) im Park, den man als Besucher unbedingt besuchen sollte.

■ Im Museumsrestaurant kann man Mittag essen – oder man sucht sich ein hübsches Plätzchen im Park zum Picknicken.

3 Casa de Serralves

Die Art-déco-Villa Casa de Serralves *(oben)* wurde von 1925 bis 1944 als Wohnhaus für Carlos Alberto Cabral, den zweiten Grafen von Vizela, erbaut. Sie ist dem Museu de Serralves angegliedert und präsentiert ganzjährig Ausstellungen.

4 Workshops am Wochenende

In regelmäßigen Workshops am Wochenende können Kinder und Erwachsene kreativ werden. Die Termine stehen auf der Website.

Parque de Serralves ⑤

Die Parkanlage mit dem Museum und der Villa weist mehrere charakteristische Teile auf, darunter Gärten wie den Rosengarten und den Kameliengarten, sowie einen Bauernhof. Ein formaler Garten mit Rasenflächen, Beeten und Kaskaden erstreckt sich über 500 Meter in Richtung des Douro und endet vor einer Treppe zu einem kleinen See, dem »Romantischen See« *(rechts)*.

⑥ Casa do Cinema Manoel de Oliveira

Für dieses Auditorium und Forschungsinstitut wurden 2019 alte Garagen umgebaut. Das nach dem portugiesischen Regisseur und Drehbuchautor benannte Kino zeigt Independent-Filme.

⑦ Buchhandlung

Die Buchhandlung ist auf Bücher über moderne Kunst spezialisiert, verkauft aber auch Postkarten, Drucke und Inhouse-Kataloge zu Ausstellungen des Hauses. Die Themen reichen von Architektur und Design über Fotografie, modernen Tanz und Theater bis zu bildender Kunst und Film. Zudem gibt es eine gut sortierte Kinderbuchabteilung.

⑧ Events

Der Veranstaltungskalender ist stets dicht gefüllt. Das Angebot reicht von Familienfavoriten wie etwa dem Herbstfestival über nächtliche Konzerte bis zu Tanz-Events.

⑨ Kapelle

Cabral erbte den Besitz von seinem Vater unter der Bedingung, dass er die Kapelle aus dem 19. Jahrhundert erhalte. Mit ihrer neuen Art-déco-Fassade passt sie perfekt zur Villa.

⑩ Bibliothek

Die Bibliothek *(unten)* besitzt rund 35 000 Bände zu verschiedensten Themen – u. a. zu zeitgenössischer Kunst, Gartengestaltung und Fotografie.

Skulpturen im Parque de Serralves

Besucher im Parque de Serralves

1 *Plantoir*

Wie von einem Riesen in den Boden gerammt wirkt die sieben Meter hohe Skulptur einer Schaufel. Sie wurde 2001 von Claes Oldenburg und Coosje van Bruggen geschaffen, deren großformatige Arbeiten auf der ganzen Welt zu sehen sind.

2 *Ser Árvore e Arte*

Die Installation aus Glas und Stein des portugiesischen Bildhauers Alberto Carneiro zeigt die Verbindung zwischen Mensch und Natur (2000).

3 *Monte Falso*

Die ungewöhnliche Arbeit aus Prismen und Spiegeln des portugiesischen Künstlers Francisco Tropa wurde zur Feier von Portos Ernennung zur Europäischen Kulturhauptstadt 2001 installiert.

4 *Para o Porto*

Die minimalistischen Skulpturen des deutschen Künstlers Veit Stratmann wurden erst im Palácio de Cristal präsentiert und 2005 nach Serralves gebracht. Die vordergründig einfachen Formen gleichen urbanen Möbeln und laden Passanten zur Interaktion ein.

5 Fio de Nylon

Fernanda Gomes stellt die indigene Bevölkerung ihres Heimatlandes Brasilien mit Nylonschnüren dar. Die Schnüre sind zu einem Netz verknotet, das sich in den umliegenden Bäumen verheddert, um das Gefühl der Orientierungslosigkeit in der Bevölkerung darzustellen. Die Künstlerin schuf diese Skulptur 2007.

6 *Double Exposure*

In dem dreieckigen Pavillon des US-Künstlers Dan Graham öffnen sich mithilfe von Spiegeln, Glas und getönten Durchsichten verschiedene Perspektiven auf dasselbe Motiv.

Double Exposure von Dan Graham

7 *Walking is Measuring*

US-Künstler Richard Serra wählte den Standort seiner riesigen Stahlskulptur im Park selbst aus. *Walking is Measuring* besteht aus zwei mächtigen Stahlpaneelen zwischen einer Baumreihe und der Originalmauer, die den Park rundum von der Straße abschirmt. Beim Vorbeigehen ist man gezwungen, sich mit der enormen Größe der Skulpturen auseinanderzusetzen.

8 *Para uma Cidade Nova*

Die riesige Installation umfasst 94 Bäume, vier Schieferbänke und einen Tisch mit einem Brunnen – und wird erst durch die menschliche Interaktion komplett. Die Deutsch-Amerikanerin Maria Nordman schuf sie 2001, als Porto Europäische Kulturhauptstadt wurde.

La Baigneuse Drapée

9 *Um Jardim Catóptrico*

Der portugiesische Künstler Ângelo de Sousa kreierte 2002 dieses kleine Versteckspiel aus elf vertikal installierten Spiegeln, in denen sich die Parklandschaft und die Passanten spiegeln.

10 *La Baigneuse Drapée (La Seine)*

Die mediterrane Badende mit Tuch ist eine typische Skulptur des für seine ruhigen Akte berühmten französischen Künstlers Aristide Maillol.

Álvaro Siza Vieira

Álvaro Siza Vieira wurde 1933 bei Porto geboren, wo er Architektur studierte. Er entwarf zahlreiche Projekte in Portugal und im Ausland, besonders bekannt ist das Museu de Serralves mit seiner intelligenten Gestaltung, die eine Verbindung zur Umgebung schafft. Nach Gründung seines eigenen Architekturbüros wurde er mit dem Bau des mittlerweile renovierten Teehauses von Boa Nova (1956) beauftragt, das wie direkt in die Felsen über dem Atlantischen Ozean gehauen wirkt.

In den 1970er Jahren entwarf er die Sozialsiedlung Bairro da Bouça, in den 1980er Jahren die Fakultät für Architektur der Universität. 1992 wurde Álvaro Siza Vieira für ein Wiederaufbauprojekt in der Lissabonner Altstadt mit dem renommierten Pritzker-Preis ausgezeichnet. In Porto, das stets einen Mittelpunkt seiner Arbeit bildete, stehen viele Gebäude von Vieira.

Der portugiesische Architekt Álvaro Siza Vieira

Internationale Projekte von Álvaro Siza Vieira

1 Internationales Design-Museum von China, Hangzhou

2 Kirche in Saint-Jacques-de-la-Lande, Bretagne (Frankreich)

3 Serpentine Pavilion (2005), London

4 Mimesis Art Museum, Paju (Südkorea)

5 Bonjour Tristesse, Mehrparteienhaus, Berlin

6 Auditorium-Theater in Llinars del Vallès, Barcelona

7 Wohnturm, 611 West 56th Street, New York City

8 Bürogebäude für Shihlien Chemical Industrial Jiangsu (China)

9 Auditorium der Universidad del País Vasco, Bilbao

10 Kunstpavillon im Saya-Park, Gyeongsangbuk-do (Südkorea)

TOP 10 Museu Nacional Soares dos Reis

Den Kern der faszinierenden Sammlung im Palácio dos Carrancas bilden die Arbeiten des aus Porto stammenden Bildhauers António Soares dos Reis. Das ehemalige Museum für sakrale Kunst, die im Zuge der antiklerikalen Politik des frühen 19. Jahrhunderts aus aufgelösten kirchlichen Institutionen zusammengetragen wurde, zeigt heute vielfältige Werke aus dem 16. bis 20. Jahrhundert mit besonderem Fokus auf angewandte Kunst.

1 Gemäldesammlung

Highlights der Sammlung mit rund 2500 Bildern, die teils aus dem 16. Jahrhundert *(oben)* stammen, sind Gemälde von António Carvalho de Silva Porto (1850–1893) aus Porto und João Joaquim Marques da Silva Oliveira (1853–1927). Ihr Naturalismus läutete eine neue Ära portugiesischer Kunst ein.

2 Skulpturen

Die riesige Skulpturensammenlung *(unten)* deckt fast 2000 Jahre ab: Das Spektrum reicht von römischen über mittelalterliche bis hin zu den klassisch-realistischen Arbeiten von António Soares dos Reis, die seinerzeit als bahnbrechend und noch heute als Meisterwerke gefeiert werden.

3 Klassizistische Fassade

Die von Joaquim da Costa Lima Sampaio entworfene Sandsteinfassade *(rechts)* ist mit Bogenfenstern, imposantem Portikus, Steinurnen auf dem Dach und rot verputztem Obergeschoss typisch für die vielen klassizistischen Bauwerke, die in dieser Epoche in Porto gebaut wurden.

4 Gold & Silber

Zu den ältesten Exponaten der Sammlung gehören sakrale Silberarbeiten aus dem 15. Jahrhundert. Zu sehen sind darüber hinaus Kostbarkeiten aus dem alten königlichen Staatsschatz.

5 O Desterrado

Der Verbannte (links) ist Soares dos Reis' Meisterwerk. Die Figur aus Carrara-Marmor sorgte mit ihrer Verschmelzung von Romantik und Realismus bei ihrer Vorstellung in der Öffentlichkeit für Furore.

6 Möbelsammlung

Zu sehen sind eine prachtvolle Eichenkanzel mit Gotik- und Renaissance-Elementen sowie Möbel mit Stileinflüssen auch aus den einstigen Kolonien.

António Soares dos Reis

Der Bildhauer und bedeutendste Vertreter des Realismus in Portugal wurde 1847 in Vila Nova de Gaia geboren. Er studierte an der Academia Portuense de Belas Artes, der École des Beaux-Arts in Paris sowie in Rom, wo er seine berühmteste Skulptur schuf: *O Desterrado*. Nach seiner Rückkehr nach Porto wurde er im Jahr 1881 Professor an der Academia Portuense de Belas Artes. António Soares dos Reis litt unter gesundheitlichen und privaten Problemen und nahm sich 1889 im Alter von nur 41 Jahren das Leben.

Der beeindruckende Palácio dos Carrancas

9 Juwelen

Eindrucksvolle Juwelen (18./19. Jh.) aus dem Palast des Bischofs in Porto sind bemerkenswerte Zeugnisse des immensen Reichtums, den Portugals Kirche zu ihren Hochzeiten angehäuft hatte.

Infobox

Karte E3 ■ Rua D. Manuel II 44 ■ www.museusoaresdosreis.gov.pt

■ Di–So 10–18 Uhr; Feiertage geschlossen

■ Eintritt 8 €

■ Auf der Terrasse des Digby *(siehe S. 85)*, eines eleganten Restaurants mit angegliederter Bar gleich um die Ecke in der Rua da Restauração, genießt man beim Mittagessen oder einem Cocktail am Abend die wunderbare Aussicht.

7 Textilien

Die Sammlung umfasst wunderschöne Behänge aus kirchlichen Institutionen, die während der Liberalen Revolution aufgelöst wurden, sowie Spitzendecken und Wandteppiche.

8 Glas

Die Galerie widmet sich mit feinsten glitzernden Glasarbeiten aus dem 19. Jahrhundert dem Aufstieg eines Industriezweiges, der in Portugals Wirtschaft eine bedeutende Rolle spielen sollte.

10 Keramiken

Elegantes chinesisches Porzellan, das teils aus dem 16. Jahrhundert *(oben)* stammt, zeigt die asiatischen Einflüsse auf die bunten portugiesischen Keramiken aus Porto, Gaia und Viana do Castelo.

TOP 10 Mosteiro da Serra do Pilar

Hoch über Vila Nova de Gaia blickt das eindrucksvolle Kloster aus dem 17. Jahrhundert über die Ziegeldächer der Portweinhäuser und über den Douro nach Ribeira, zu Portos farbenfrohem Kai und Altstadtkern. Von hier, so plante es Sir Arthur Wellesley (der spätere Duke of Wellington), sollten 1809 die Franzosen aus der Stadt vertrieben werden. Wie viele alte kirchliche Bauwerke in Porto wurde das Augustinerkloster im 19. Jahrhundert vom Militär okkupiert – erst von Wellington und später von Napoléon. Tatsächlich ist es noch heute eine Kaserne, und Führungen durch die Kirche und den Kreuzgang werden oft von Soldaten geleitet.

Das weitläufige Mosteiro da Serra do Pilar hoch über der Stadt

1 Kuppel

Eine Wendeltreppe führt hinauf in die Kuppel der runden Kirche. Die 104 Stufen hoch zur Galerie sind zwar eine kleine Herausforderung, doch die Anstrengung lohnt sich: Der Panoramablick auf die Stadt ist atemberaubend.

2 Kapitelraum

Die Augustinermönche des Klosters versammelten sich in dem einfachen weißen Raum, um die Tagesereignisse zu diskutieren und ihre Aufgaben vom Abt zu erhalten.

3 Altäre

Der Hauptaltar *(unten)* der Kirche in der Apsis ist im maßvollen Renaissance-Stil gehalten. Die vier weiteren Altäre in den Nischen sind – typisch für Portos Kirchen – aufwendig geschnitzt und vergoldet.

9 Glockenturm

Im Vergleich zur riesigen, 36 Meter hohen Kirche wirkt der elegante Glockenturm des Klosters, der am Nordflügel 20 Meter aufragt, fast klein.

4 Kreuzgang

Nach dem Vorbild der Kirche Santa Maria Redonda in Rom liegen vier Kapellen am kreisrunden Kreuzgang *(oben)*, dessen 36 Säulen rund um einen zentralen Brunnen stehen.

6 Ausstellung über den Norden Portugals

Der eingängige Überblick erzählt faszinierend über Portos Geschichte und Kultur, den Douro und die zahlreichen UNESCO-Welterbestätten in Portugals schönem Norden.

7 Dormitorium

Die der Armut und Kontemplation verpflichteten Mönche schliefen zu beiden Seiten des spartanischen Korridors in einfachen Zellen mit winzigen Fenstern.

5 Miradouro da Serra do Pilar

Auf der ruhigen Aussichtsterrasse vor dem Kloster fällt beim Blick über die Stadt vor allem der elegante Bogen der Ponte Luís I über dem Douro ins Auge.

8 Figur des Augustinus

Die Figur des heiligen Augustinus, nach dessen Lehren der Orden des Klosters lebte, steht im Kreuzgang zwischen Statuen der heiligen Eulalia und Apollonia.

10 Statue von Dom Afonso Henrique

Die Statue von Portugals erstem König, Afonso Henrique (1139–85; *unten*), die stolz vor dem Kapitelraum steht, ist eine Arbeit von Portos berühmtem Bildhauer António Soares dos Reis *(siehe S. 33)*.

Infobox

Karte G5 ■ Largo Aviz ■ www.culturanorte.gov.pt ■ +351 220 142 425

■ Di–So 10–18.30 Uhr

■ Eintritt 2 € bzw. 4 € inklusive Kuppel (Ermäßigungen für Studenten und Personen über 65; Kinder unter 12 Jahren frei)

■ Stündliche Führungen außer So

■ In der Taberninha do Manel *(siehe S. 100)* am Ufer von Gaia schmecken leichte *petiscos* und ein Gläschen Vinho Verde.

Themen

Restaurantgäste genießen das Essen unter der berühmten Ponte Dom Luís I

TOP 10 Historische Ereignisse

1 2. Jahrhundert v. Chr.: römische Ära

Rom eroberte zwischen 194 und 19 v. Chr. von den keltischen Lusitanern das Land zwischen Douro und Tejo. Porto wurde als Portus Cale ein regionaler Umschlaghafen im Römischen Reich.

2 868: Grafschaft Portucale

Der spanische Adelige Vímara Peres eroberte Porto von den Mauren, die seit 711 in Portugal herrschten. Er begründete die Grafschaft Portucale, einen Vasallenstaat des nordspanischen Königreichs Asturien.

Reiterstatue von Vímara Peres

3 1386: Vertrag von Windsor

Der Vertrag von Windsor und die Heirat mit Philippa, der Tochter des Duke of Lancaster John of Gaunt, sicherten João I den portugiesischen Thron. Unter João, der bis 1433 regierte, begann Portugals Zeitalter des Imperialismus mit der Eroberung Ceutas in Marokko im Jahr 1415 sowie der Entdeckung Madeiras und der Azoren.

4 1580–1640: Spanische Herrschaft

Nach dem Tod des erbenlosen Königs Henrique 1580 fiel Portugal an Spanien, bis 1640 der Herzog von Braganza als König João IV den Thron bestieg.

5 1703: Methuenvertrag

In dem Vertrag von 1703 vereinbarten England und Portugal Vorzugszölle für portugiesischen Wein in England und steuerfreien Export von englischem Tuch nach Portugal. In der Folge boomte Portos Portweinhandel mit England.

6 1809: Katastrophe der Ponte das Barcas

Im Zuge von Napoléons Feldzug in Portugal eroberte Marschall Soult im März 1809 Porto. Als die Menschen aus der Stadt flohen, ertranken rund 4000 beim Untergang der aus 20 Schiffen bestehenden Ponte das Barcas im Douro. Am 12. Mai 1809 wurde Porto von britischen Truppen befreit.

Darstellung der Katastrophe der Ponte das Barcas im Jahr 1809

Gemälde der Belagerung von Porto

1832: Belagerung von Porto

Liberale Anhänger von Dom Pedro wurden in Porto von Truppen belagert, die dem absolutistischen Dom Miguel I treu ergeben waren. Aus dem folgenden 13 Monate langen Bürgerkrieg, in dem viele Menschen ihr Leben verloren und die Stadt beträchtlichen Schaden erlitt, gingen die Liberalen als Sieger hervor.

8 1985: Barragem de Crestuma-Lever

Durch diesen letzten von fünf Staudämmen, die ab den 1960er Jahren entstanden, war es für große Schiffe möglich, den Douro von Porto stromaufwärts bis Barca d'Alva an der spanischen Grenze zu befahren.

1996: Portos Altstadt wird Welterbestätte

1996 wurde das Zentrum innerhalb der Fernandinischen Mauer aus dem 14. Jahrhundert zur UNESCO-Welterbestätte erklärt. Dazu gehören auch das Mosteiro da Serra do Pilar und die Ponte Dom Luís I.

2001: Porto Kulturhauptstadt Europas

Porto teilte sich 2001 den Titel der Kulturhauptstadt Europas mit der niederländischen Stadt Rotterdam. Zu diesem Anlass wurden viele Wahrzeichen der Stadt renoviert und zwei neue Kulturzentren errichtet: der Edifício Transparente und die Casa da Música.

Bedeutende Persönlichkeiten

1 Vímara Peres (um 820–873)
Der asturische Adelige eroberte Porto von den Mauren und wurde der erste Graf von Portucale.

2 Philippa of Lancaster (1360–1415)
Philippa, die dem englischen Herrscherhaus angehörte, heiratete 1387 König João I in der Sé do Porto.

3 Heinrich der Seefahrer (1394–1460)
Dom Henrique, der jüngere Sohn von João I, initiierte die erste von Portugals großen Entdeckungsfahrten.

4 Arthur Wellesley (1769–1852)
Der spätere Duke of Wellington eroberte 1809 Porto und vertrieb die Franzosen aus Portugal.

5 Dom Pedro I (1798–1834)
Der »Liberator« Pedro I führte Brasiliens Sezession von Portugal 1822 an und erklärte sich selbst zum Kaiser.

6 Almeida Garrett (1799–1854)
Der Dichter und Dramatiker Almeida Garrett unterstützte mit seinen Werken die Liberale Revolution von 1820.

7 Guerra Junqueiro (1850–1923)
Der antimonarchistische und -klerikale Autor und Politiker trug zur Bildung der Portugiesischen Republik bei.

8 »La Ferreirinha« (1811–1896)
Weingutbesitzerin Antónia Ferreira ist eine Legende der Douro-Weinindustrie.

9 Gustave Eiffel (1832–1923)
Der französische Ingenieur baute die Brücken Ponte Maria Pia und Luís I.

10 Manoel de Oliveira (1908–2015)
Viele Filme des Vaters des portugiesischen Kinos spielen in Porto und der Douro-Region.

Porträt der »La Ferreirinha«

TOP 10 Kirchen

Fassade der Igreja de Santo Ildefonso

1 Igreja de Santo Ildefonso

Der – 1932 hinzugefügte – Fliesenschmuck an der Fassade der 1739 geweihten Kirche *(siehe S. 72)* ist außergewöhnlich. Santo Ildefonso wurde am Standort einer viel älteren Kapelle errichtet, 1819 in einem Sturm und 1823 während der Belagerung von Porto durch Kanonen beschädigt. Seitdem wurde sie grundlegend umgebaut.

2 Igreja de São Francisco

Nichts an der Fassade aus dem 14. Jahrhundert lässt die Pracht im Inneren von São Francisco *(siehe S. 16f)* vermuten. Säulen, Decke und Hochaltar sind mit kunstvollen Engeln und Kreaturen verziert und leuchten golden. Der Star ist die 1718–21 meisterhaft geschnitzte *Wurzel Jesse*. Unter der Kirche verläuft ein Labyrinth aus Katakomben.

3 Igreja do Corpo Santo de Massarelos

Karte D4 ■ Rua do Adro 2B ■ tägl. 10–18.30 Uhr

Der Vorgängerbau dieser schlichten Kirche nahe dem Fluss wurde 1394 von der Confraria das Almas erbaut, einer Bruderschaft von Seeleuten unter der Schirmherrschaft des jungen Heinrichs des Seefahrers. Sie ist Petrus geweiht, dem Schutzheiligen der Fischer. Die heutige Kirche aus dem 18. Jahrhundert zieren Bilder mit maritimen Motiven.

4 Igreja dos Carmelitas & Igreja do Carmo

Schöne Azulejos-Bilder zieren Front und Wände der Igreja do Carmo aus dem 18. Jahrhundert, einer typischen portugiesischen Barockkirche. Das einen Meter breite Haus

Das prächtig vergoldete Schiff der Igreja dos Carmelitas

zwischen ihr und der benachbarten Igreja dos Carmelitas *(siehe S. 80)* mit der Fassade aus dem 17. Jahrhundert diente als Barriere zwischen den Mönchen der Igreja do Carmo und den Karmelitinnen.

5 Igreja de São Pedro de Miragaia

Wie viele alte Kirchen in Porto wurde auch diese *igreja (siehe S. 81)* aus dem Mittelalter im 18. Jahrhundert umgebaut und umdekoriert. Ihre mit vergoldeten Schnitzereien verzierte Kapelle ist ein Mix aus Rokoko und anderen Stilen.

Azulejo in der Capela das Almas

6 Igreja dos Clérigos

Der 75 Meter hohe Turm der hoch gelegenen Kirche stammt aus dem 18. Jahrhundert und ist ein unübersehbares Wahrzeichen Portos. In der Torre dos Clérigos *(siehe S. 18f)* führen 225 Stufen hinauf zur Spitze, wo die großartige Aussicht über das Douro-Tal und bis zum Meer reicht.

7 Igreja de Santa Clara

Hinter der schlichten Fassade aus der Frührenaissance ist Santa Clara überbordend mit bemalten und vergoldeten Holzschnitzereien ausgestattet. Die 1457 vollendete Kirche wurde für den 1212 gegründeten Orden der Armen Klarissen erbaut – an deren Armut hier rein nichts erinnert *(siehe S. 71)*.

8 Capela das Almas

Karte G3 ■ Rua de Santa Catarina ■ tägl. 7.30–19 Uhr

Die auch Capela de Santa Catarina genannte Kapelle steht etwas unpassend an einer belebten Einkaufsstraße. Sie ist mit Azulejos aus dem 20. Jahrhundert verkleidet, die im Stil der großen Keramikkünstler des 18. Jahrhunderts gehalten sind.

9 Sé do Porto

Azulejos-Bilder, Kreuzgänge aus dem 14. Jahrhundert, eine elegante Treppe aus dem 17. Jahrhundert, Bilder und Silberarbeiten zählen zu den größten Highlights von Portos eindrucksvoller Kathedrale Sé *(siehe S. 12f)*. Seit ihren Anfängen im 12. Jahrhundert wurde sie vielfach verändert.

10 Igreja de Nossa Senhora da Vitória

Die *igreja (siehe S. 74)* mit der herrlichen Rokoko-Ausstattung wurde 1769 am Standort einer älteren Kirche erbaut und während der Belagerung von Porto (1832/33) sowie 1874 durch einen Brand beschädigt.

TOP 10 Architektur

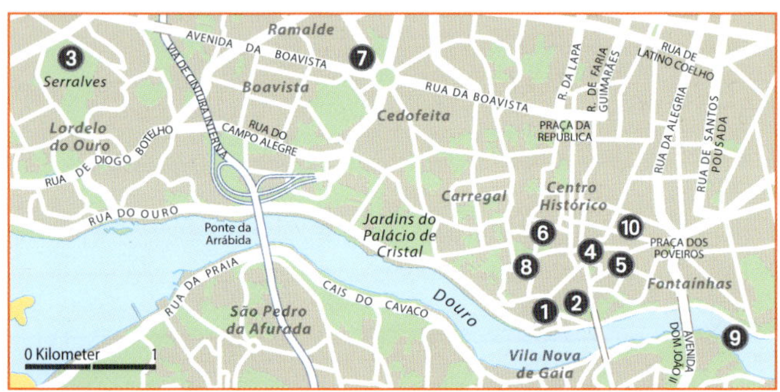

1 Mercado Ferreira Borges

Karte F4 ■ Rua da Bolsa 19 ■ Di–So 11–24 Uhr

Der beeindruckende rote Gusseisenbau von 1885 ist typisch für die riesigen Markthallen, die in jener Zeit in Europa aus dem neuen preiswerten Baumaterial errichtet wurden. Allerdings haben nur wenige die Zeit überdauert – der Mercado ist damit ein bedeutendes historisches Gebäude. Er wird heute als offenes Kulturzentrum genutzt.

Mercado Ferreira Borges

2 Paço Episcopal

Karte F5 ■ Terreiro da Sé ■ Mo–Sa 9–13 & 14–18 Uhr ■ www.diocese-porto.pt

Trotz der umfassenden Barockisierung des Bischofspalasts – wohl von Nicolau Nasoni – im 18. Jahrhundert sind noch ein paar wenige Originalelemente aus dem 13. Jahrhundert erhalten.

3 Serralves

Zwei Gebäude stehen im Parque de Serralves *(siehe S. 29)*. Art-déco-Fans lieben die elegante Casa de Serralves, die der französische Architekt Charles Siclis für Graf Carlos Alberto Cabral erbaute. Im Kontrast dazu steht die glatte minimalistische Architektur von Álvaro Siza Vieras Museu de Serralves.

4 Estação de São Bento

Portos 1916 eröffneter Estação de São Bento *(siehe S. 71)* erinnert mehr an ein Schloss als an einen Bahnhof. Die Vorhalle zieren Azulejos des Künstlers Jorge Colaço. Der Granitbau im Stil des französischen Funktionalismus hebt sich vom weißen Putz und den blauen Fassadenkacheln der Altstadt ab.

5 Teatro Nacional São João

Karte G4 ■ Praça de Batalha ■ Di–Sa 14–19, So 14–17 Uhr und für Aufführungen und Ausstellungen

Der Architekt João Joaquim Marques da Silva Oliveira aus Porto gewann 1910 den Wettbewerb für den Bau eines Theaters auf dem Gelände des 1908 abgebrannten Teatro do Príncipe. Das Bauwerk wurde 1920 eröffnet und 1992 in marodem Zustand vom Staat übernommen. Inzwischen wurde es mit seinen dekorativen Stein-, Holz- und Eisenarbeiten umfassend restauriert.

Die rote Treppe in der Livraria Lello

6 Livraria Lello

Die Livraria Lello *(siehe S. 75)* ist nicht nur eine Buchhandlung, sondern auch eine Institution und ein Gesamtkunstwerk. In dem von Xavier Esteves entworfenen Haus mit der wunderschönen Fassade verbinden sich Jugendstil und Neogotik, innen dominieren Buntglas und eine knallrote Treppe.

7 Casa da Música

Der niederländische Architekt Rem Koolhaas entwarf den weißen Kulturtempel *(siehe S. 24f)* mit dem charakteristischen kantigen Stil als typisches Bauwerk des Modernismus des 21. Jahrhunderts. Vom gewellten Glas bis zu den Holzwänden wurden alle Materialien nach ihrer dem Zweck des Hauses dienenden Funktionalität ausgewählt. Die Casa da Música ist für ihre hervorragende Akustik bekannt.

8 Centro Português de Fotografia

Das abweisend wirkende Gebäude *(siehe S. 79)* wurde 1767 im alten jüdischen Viertel errichtet. Die schmiedeeisernen Originaltore sind noch an ihrem Platz, in den steinernen Zellen finden heute Ausstellungen statt. Das Museum zeigt seine faszinierende Sammlung historischer Fototechnik und Fotografien.

9 Ponte Dona Maria Pia

Karte H5 ■ Avenida de Gustavo Eiffel

Bei ihrer Einweihung 1877 war Gustave Eiffels spektakuläre schmiedeeiserne Brücke über den Douro mit rund 350 Metern Länge die größte Bogenbrücke der Welt. Heute wird sie nicht mehr genutzt und ist selbst für Fußgänger geschlossen.

10 Majestic Café

Die umwerfende Belle-Époque-Schönheit mit dem kunstvollen Marmordekor und großen Fenstern *(siehe S. 76)* ist ein Werk des Architekten João Queiroz aus Porto. Das 1921 eröffnete Café wurde von 1992 bis 1994 saniert und erstrahlt heute in alter Pracht.

Fassade des Majestic Café

TOP 10 Azulejos

Die Vorhalle des Estação de São Bento

1 Estação de São Bento

An der Fassade und in der Vorhalle des Bahnhofs *(siehe S. 71)* erzählen Azulejos-Bilder von Jorge Colaço von Ereignissen in Portugals Geschichte. Motive sind z.B. der Besuch von Dom João I im Jahr 1387 und die Eroberung von Ceuta 1415.

2 Igreja de São Pedro de Miragaia

Die Azulejos an der dem Schutzpatron der Fischer geweihten Kirche *(siehe S. 81)* stammen aus dem 19. Jahrhundert und unterscheiden sich mit ihrem einfachen geometrischen Muster vom komplexen Fliesendekor an vielen alten Häusern in Porto. Hinter der schlichten Fassade liegt jedoch ein prunkvoller Innenraum mit vergoldeten Schnitzereien.

3 Igreja de Santo Ildefonso

Den Azulejos-Schmuck an der Außenseite der Kirche *(siehe S. 72)* schuf Jorge Colaço 1932 aus rund 11 000 Fliesen. Sie beinhalten Szenen aus dem Leben des heiligen Ildefons, des westgotischen Bischofs von Toledo im 7. Jahrhundert.

4 Sé do Porto

Die kunstvollen Azulejos-Bilder im gotischen Kreuzgang und in der barocken Loggia der Kathedrale *(siehe S. 12f)* zeigen Szenen aus dem Hohelied Salomos und dem Leben der Jungfrau Maria. Sie wurden im 18. Jahrhundert von den Keramikkünstlern Valentim de Almeida und António Vital Rifarto geschaffen.

5 Igreja do Carmo

Die spektakuläre Fassade der Kirche *(siehe S. 80)* aus dem 18. Jahrhundert ist vollständig mit anschaulichen Azulejos-Bildern der Nossa Senhora (Jungfrau Maria) von Silvestre Silvestri verkleidet. Die Kacheln an der Ostwand stellen Gründungsszenen des Karmeliterordens im Heiligen Land dar.

6 Casa da Música

Die kantige weiße Casa da Música *(siehe S. 24f)* ist die perfekte Kulisse für die leuchtend blauen Kacheln im VIP-Raum des Gebäudes. Architekt Rem Koolhaas entwarf sie als Hommage an die portugiesischen und niederländischen Keramiker des 16. Jahrhunderts.

7 Capela das Almas

Die herrlichen Azulejos an der Fassade der Capela das Almas oder

Capela das Almas

auch Capela de Santa Catarina *(siehe S. 41)* schuf der Künstler Eduardo Leite 1929. Sie zeigen das Martyrium der heiligen Katharina, die im 4. Jahrhundert gerädert wurde, sowie Szenen aus dem Leben des heiligen Franz von Assisi.

8 A Pérola do Bolhão

Karte G3 ■ Rua Formosa 279 ■ Mo–Fr 9–19, Sa, So 9–13 Uhr

Die Jugendstilfront des historischen Lebensmittelladens *(siehe S. 75)* von 1917 ist mit bunten Fliesenporträts von Indianerinnen verziert. Die farbenprächtigen Darstellungen symbolisieren, dass hier Tee, Kaffee und sonstige Produkte, die aus den Kolonien Portugals importiert wurden, an Portos Bürger verkauft wurden.

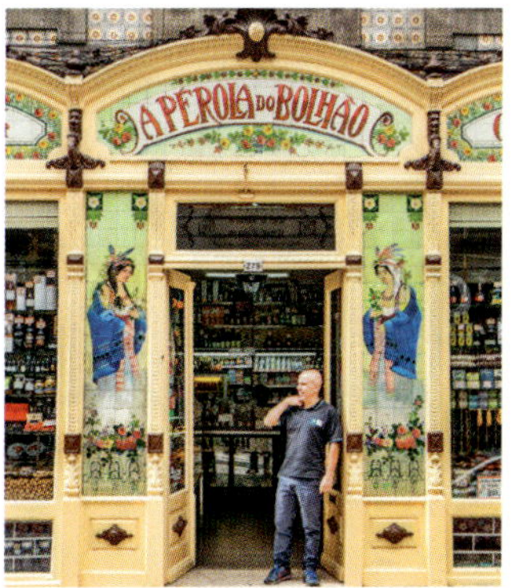

Eingang von A Pérola do Bolhão

9 Ribeira Negra

Júlio Resendes modernes Azulejos-Paneel von 1987 *(siehe S. 74)* am Eingang des Túnel da Ribeira bildet Alltagsszenen aus Portos Stadtvierteln am Douro ab.

10 Banco de Materiais

Karte F3 ■ Praça de Carlos Alberto 71 ■ Di–So 10–17.30 Uhr

Die »Materialienbank« *(siehe S. 74)* ist eine Initiative der Stadt. Durch die Ausstellung und den Verkauf von schönen Fliesen soll Eigentümern geholfen werden, ihre historischen Läden und Häuser zu bewahren.

Azulejos-Künstler

Bild von António Vital Rifarto

1 António Vital Rifarto
Dem Künstler aus Coimbra werden die Azulejos im Kapitelraum der Sé zugeschrieben.

2 Marcal de Matos
Der Keramikmaler wandte in Werken wie *Susanna und die Alten* (1865) als einer der Ersten im 16. Jahrhundert die Majolikatechnik an.

3 António da Costa Lamego
Der portugiesische Keramiker gründete 1849 die Fliesenfabrik Viúva Lamego in Lissabon, die die Azulejos der Capela das Almas produzierte.

4 Valentim de Almeida
Arbeiten des Künstlers im Kreuzgang der Sé präsentieren pastorale Szenen mit chinesischen Einflüssen.

5 António de Oliveira Bernardes
Das Werk des Großmeisters der erzählenden Azulejos-Bilder inspirierte zahlreiche Nachahmer.

6 Silvestre Silvestri
Die Azulejos für seine Karmeliterorden-Bilder in der Igreja do Carmo fertigten Handwerker in Vila Nova de Gaia an.

7 Carlos Branco
Branco gestaltete zusammen mit Silvestri die Igreja do Carmo – er malte die Fliesen nach Silvestris Entwürfen.

8 Jorge Colaço
Er schuf mit Vorliebe große Azulejos-Bilder mit romantischen Landschaften und Szenen aus Portugals Geschichte.

9 Eduardo Leite
Leite gestaltete viele Entwürfe für die Fliesenfabrik Viúva Lamego, z. B. für die Capela das Almas.

10 Júlio Resende
Der Maler aus Porto entwickelte einen modernen Azulejos-Stil, seine Bilder zieren zeitgenössische Bauwerke.

TOP 10 Museen

1 Museu da Misericórdia do Porto

Das Museum *(siehe S. 72)* widmet sich der Santa Casa da Misericórdia, einer karitativen Stiftung aus dem 16. Jahrhundert. Besonders sehenswert ist das Renaissance-Bild *Fons Vitae,* das dem flämischen Maler Colijn de Coter zugeschrieben wird.

Museu da Misericórdia do Porto

 Centro Português de Fotografia

Im Obergeschoss des ehemaligen Gefängnisses zeigt das Museum alte Kameras und Fotoausrüstungen. Die einstigen Zellen dienen als Galerie für historische Schwarz-Weiß-Bilder aus den Frühzeiten der Fotografie bis zu modernen Arbeiten aus dem 21. Jahrhundert von internationalen Fotografen aus dem gesamten ehemaligen portugiesischen Kolonialreich *(siehe S. 79)*.

 Museu do Carro Eléctrico

Als erste Stadt auf der Iberischen Halbinsel besaß Porto elektrische Trambahnen, die die Stadt in diesem Museum *(siehe S. 79)* stolz präsentiert. Zu sehen sind Portos älteste Tram und Oldtimer-Bahnen. Die öffentlichen Verkehrsbetriebe Sociedade de Transportes Colectivos de Porto lassen noch auf den Linien 1, 18 und 22 Oldtimer-Trams durch das Zentrum rumpeln. Mitfahren!

 Museu do Vinho do Porto

Der Name trügt: Das in einem ehemaligen Hafenlagerhaus am Douro eröffnete Museum *(siehe S. 20)* widmet sich nicht nur dem Portwein, sondern beschäftigt sich mit dem Einfluss von Weinen aus vielen anderen Ländern auf Portos Kultur und Wirtschaft im Lauf der Zeiten. Hier lernt man alles über die Weine im Douro-Tal und die verschiedenen Weinarten, die in Porto und Umgebung produziert werden.

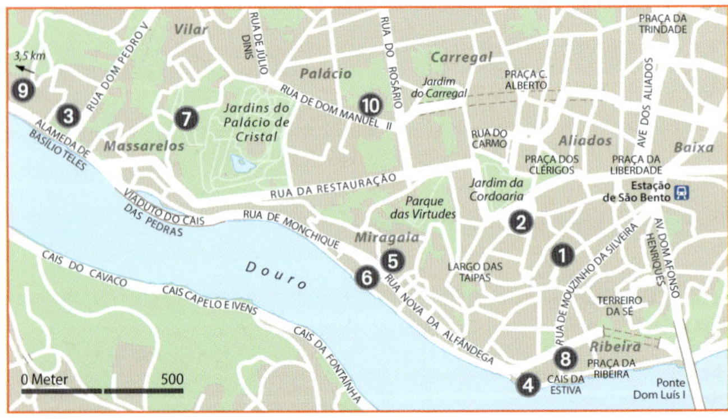

World of Discoveries: Diorama mit portugiesischen Entdeckern

5 World of Discoveries

Das vor allem für Familien mit kleineren Kindern konzipierte Museum *(siehe S. 79)* erzählt von Heinrich dem Seefahrer und legendären Entdeckern wie Vasco da Gama, Bartolomeu Dias und Ferdinand Magellan. Auf einer nachgebauten Werft aus dem 15. Jahrhundert kann man das Leben an Bord der Schiffe – eher Nussschalen – nachvollziehen.

6 Museu dos Transportes e Comunicações

In den weiten Hallen des alten Zollhauses, die einst bis zu 40 Schiffsladungen aufnahmen, sind Objekte aus Handel, Transport und Technik des 20. Jahrhunderts ausgestellt *(siehe S. 80)*. Mit interaktiven Displays und Exponaten, darunter auch ein beliebtes Riesen-Megafon, entdeckt man Portos spannende Geschichte.

7 Museu Romântico

In der ersten Hälfte des 19. Jahrhunderts genossen auch Mitglieder des Königshauses die Gastfreundschaft des oligarchischen Portweinhändlers António Ferreira Pinto Basto in diesem großartigen Herrenhaus *(siehe S. 27)*. Das umfassend renovierte Gebäude bietet Besuchern einen unterhaltsamen Einblick in das Leben von Portos Bourgeoisie.

Kreuz, Museu Nacional Soares dos Reis

8 Casa do Infante

In dem Haus *(siehe S. 20)* wurde wohl Heinrich der Seefahrer 1394 geboren. Portugals berühmtester Prinz leitete die Epoche der Entdeckungen ein, in der sich Portugal zu einem mächtigen Weltreich entwickelte. Zu sehen sind außerdem antike römische Exponate.

9 Museu de Serralves

Die klaren Linien und geometrischen Formen des modernen Museu de Serralves *(siehe S. 28)* heben sich vom Grün und den gewundenen Wegen des umliegenden Parks ab. Seine großartige Sammlung moderner Kunst aus 70 Jahren präsentiert portugiesische und internationale Künstler aus portugiesischsprachigen Ländern.

10 Museu Nacional Soares dos Reis

O Desterrado (Der Verbannte), das bekannteste der vielen Werke des Bildhauers António Soares dos Reis (1847–1889), steht im Zentrum der exquisiten Sammlung *(siehe S. 32f)*. Sie wurde 1833 zur Rettung sakraler Kunstwerke aus religiösen Stiftungen gegründet, die im antiklerikalen frühen 19. Jahrhundert aufgelöst wurden. Zu sehen sind z. B. Silberarbeiten, goldene Teller, traumhafte Keramiken und Lackarbeiten aus China und Japan.

TOP 10 Parks & Strände

Strandleben an der Praia dos Ingleses

1 Praia dos Ingleses

Karte P4 ■ Foz do Douro ■ tägl.

Schicke Cafés und Bars säumen die Uferpromenade am langen Sandstrand an der Mündung des Douro. Der dem Zentrum am nächsten gelegene Strand ist für Bewohner von Porto am Wochenende ein beliebtes Ausflugsziel. Wegen seines sauberen Wassers ist er mit der Blauen Flagge ausgezeichnet.

2 Jardim do Morro

Palmen sorgen für ein leicht exotisches Flair im Jardim do Morro *(siehe S. 95)* in Vila Nova de Gaia. Der hoch gelegene Park ist ein beliebter Treffpunkt für junge Leute und mit der Seilbahn erreichbar. Er bietet fantastische Aussicht auf den Douro und den Sonnenuntergang.

3 Jardim da Cordoaria

Karte F4 ■ Campo dos Mártires da Pátria ■ tägl.

Unter Bäumen spaziert man hier um einen Teich und Rasenflächen. Der auch Jardim de João Chagas genannte Stadtpark wurde 1865 angelegt. Sehenswert ist das im Jahr 2001 installierte, aus vier lebensgroßen Figurengruppen bestehende Werk *Thirteen Laughing at Each Other* des spanischen Bildhauers Juan Muñoz.

4 Jardim Botânico do Porto

Auf dem Gelände einer früheren Quinta (Weingut) wachsen in Portos botanischem Garten *(siehe S. 89)* Kamelien, tropische, subtropische und Wüstenpflanzen zwischen ordentlich getrimmten Hecken und rund um kühle Teiche und Brunnen.

5 Jardim do Passeio Alegre

Der Stadtpark *(siehe S. 103)* mit den hohen Bäumen und schattigen Alleen wurde im 19. Jahrhundert an der Douro-Mündung angelegt. Der Minigolfplatz ist bei Familien beliebt, eine laute Schar von Grünsittichen verleiht ihm tropisches Ambiente.

6 Parque da Cidade do Porto

Mit 83 Hektar ist der Parque da Cidade *(siehe S. 103)* Portos größte öffentliche Grünanlage und Portugals

Aussicht im Jardim do Morro

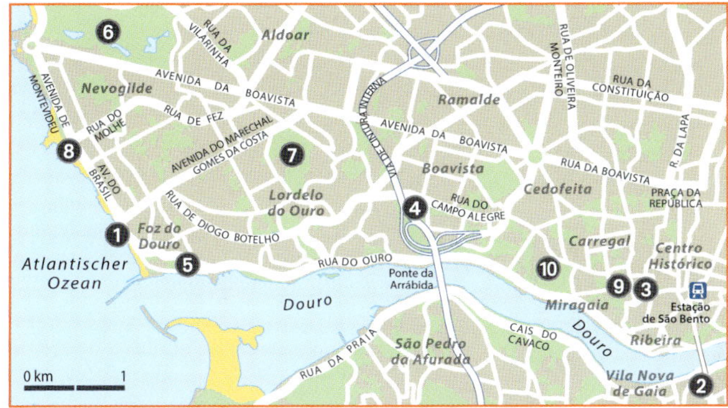

größter Stadtpark. Das ansprechende Gelände mit Seen, Gehölzen, Fuß- und Radwegen wurde in den 1990er Jahren an der Atlantikküste nach dem Vorbild der rauen grünen, mit Felsen übersäten Landschaft der nordportugiesischen Region Minho gestaltet.

7 Parque de Serralves

Die gepflegten Rasenflächen, Formschnittpflanzen und von Zypressen gesäumten Wege des Parks *(siehe S. 29–31)* wurden in den 1920er Jahren vom Grafen von Vizela, Carlos Alberto Cabral, angelegt und bilden seit 1996 die grüne Kulisse für das markante moderne Museu de Serralves. Mehr als 200 heimische und exotische Baum- und Straucharten sorgen ganzjährig für bunt blühendes Grün.

8 Praia do Molhe

Die bei den Einheimischen überaus beliebte Praia do Molhe *(siehe S. 104)* ist mit Atlantikbrechern, Felsen und knapp 200 Meter langem kiesigem Sandstrand mehr zum Schauen und Spazieren als zum Schwimmen und Sonnenbaden geeignet. Zum Glück gibt es viele Cafés und Bars, in denen man die Aussicht und den Sonnenuntergang genießen kann.

9 Parque das Virtudes

Die versteckt gelegene kleine Oase *(siehe S. 82)* staffelt sich in Terrassen hoch über den Douro. Nach Westen gerichtet, kann man hier – zusammen mit vielen anderen – fantastisch dem Sonnenuntergang über dem Atlantik zusehen. Ringsum liegen viele Restaurants.

Brunnen, Jardins do Palácio de Cristal

10 Jardins do Palácio de Cristal

Der Palácio de Cristal *(siehe S. 26f)*, 1861 nach dem Vorbild des legendären Crystal Palace der Londoner Weltausstellung von 1851 erbaut, wurde in den 1950er Jahren abgerissen. Der formale Garten mit den breiten Alleen, Brunnen und sorgfältig getrimmten Formschnittpflanzen blieb jedoch erhalten und ist nach wie vor äußerst beliebt.

TOP 10 Unternehmungen

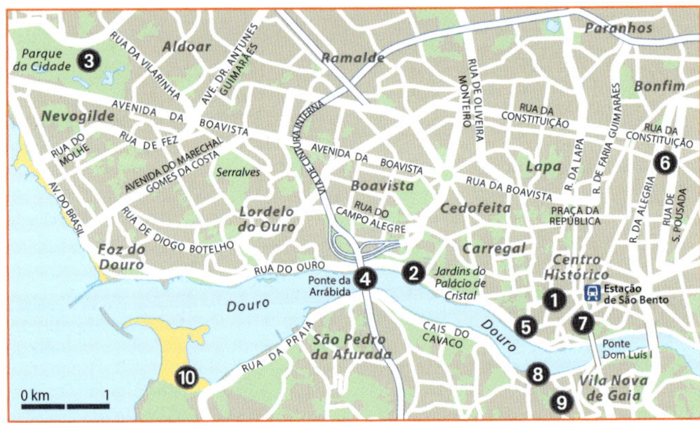

1 Kulinarische Touren

Taste Porto: Karte F4

■ **www.tasteporto.com**

Bei Gruppentouren mit einheimischen Gastronomen lernt man die kulinarischen Hotspots im Zentrum kennen und kann alles Mögliche probieren: Klassiker wie *bacalhau*, *morcela* und *pudim*, aber auch Snacks aus der Fusionsküche.

2 Oldtimer-Tram

Im Museu do Carro Eléctrico *(siehe S. 79)* kann man in eine bildhübsche Oldtimer-Tram steigen und auf der Linha 1 durch Porto rumpeln. Die malerische Strecke führt am Fluss entlang zum Jardim do Passeio Alegre in Foz do Douro. Abfahrt ist stündlich, Fahrkarten bekommt man im Museum – Andante-Karten *(siehe S. 110)* sind auch gültig.

3 Spaziergang im Parque da Cidade

Zu jeder Jahreszeit sorgt die frische Brise im 83 Hektar großen Parque da Cidade *(siehe S. 103)* für klaren Kopf. Fußwege schlängeln sich um die Seen und durch Gehölze.

4 Klettern auf die Ponte da Arrábida

Porto Bridge Climb: Karte B3 ■ Rua do Ouro 680 ■ 14.30 – Sonnenuntergang ■ www.portobridgeclimb.com

Am besten schnallt man sich den Sicherungsgurt für die Klettertour auf das 65 Meter hohe Bauwerk abends an – der Blick über Porto ist bei Sonnenuntergang am schönsten.

5 Radfahren

Biclas & Triclas: Karte E4

■ **Rua Nova da Alfândega 108** ■ **tägl. 10 – 20 Uhr (Okt – März: bis 19 Uhr)**

■ **www.tricla.pt**

Biclas & Triclas vermietet Räder und Triclas mit drei Rädern und veranstaltet geführte Radtouren auf einfachen Routen am Douro, im historischen Zentrum oder zu den

Oldtimer-Tram auf der Linha 1

Uferpromenaden in Foz do Douro, wo immer eine frische Brise weht.

6 Azulejos bemalen

Brâmica: Karte H1 ■ Rua Santo Isidro 181 ■ +351 961 097 013 ■ Mo–Fr 14–20 Uhr

In den Workshops bei Brâmica lernt man von Azulejos-Kunsthandwerkern, wie man die weltberühmten Fliesen bemalt und brennt – und warum sie in Portugals Kunst und Architektur eine so bedeutende Rolle spielen.

7 Fado hören

Casa da Guitarra: Karte G5 ■ Avenida Vímara Peres 49 ■ Konzerte Do–Sa 18 Uhr ■ www.portofado.pt

Der Fado, zur Gitarre gesungene Balladen über unglückliche Liebe, Sehnsucht und Weltschmerz, kam ursprünglich aus dem Süden Portugals nach Porto. Die Gitarrenmanufaktur Casa da Guitarra bei der Ponte Dom Luís I veranstaltet in gemütlichem Ambiente Konzerte.

8 Schippern auf dem Douro

Douro Azul: Karte F5 ■ Cais de Gaia; stündliche Fahrten 9–18 Uhr ■ www.douroazul.com

Ein besonderes Erlebnis sind die einstündigen Fahrten von Douro Azul auf einem nachgebauten *barco rabelo* – einem traditionellen Holzboot, in dem Wein auf dem Fluss nach Porto transportiert wurde.

Weinprobe in Graham's Portweinhaus

9 Besuch eines Portweinhauses

Auf jeden Fall sollte man Graham's, Offley oder ein anderes ehrwürdiges *armazén* (Portweinhaus) in Vila Nova de Gaia besuchen. Bei den halbstündigen Führungen verkostet man mindestens zwei Weine *(siehe S. 99)*.

10 Vogelbeobachtung in der Reserva Natural Local do Estuário do Douro

Auf geführten Wanderungen durch das Areal am Rand von Porto *(siehe S. 96)* können sich Vogelfreunde auf zahlreiche Wat- und Wasser-, See- und Zugvögel freuen. Die zweistündigen Touren mit den kompetenten Guides vom Parque Biológico de Gaia starten jeden ersten Sonntag im Monat um 10 Uhr.

Nachgebaute *barcos rabelos* fahren als Ausflugsboote auf dem Douro

TOP 10 Unbekanntes Porto

Die Ponte Dona Maria Pia überspannt den Douro

1 Ponte Dona Maria Pia

Der elegante Eisenbogen *(siehe S. 43)* über den Douro ist leider weder für Fußgänger noch für Fahrzeuge geöffnet. Er ist aber immer ein schönes Fotomotiv – am besten von unten oder als Silhouette im Sonnenuntergang fotografiert.

2 Fortaleza de São Francisco Xavier

Die Festung mit den markanten Ecktürmen aus dem 17. Jahrhundert *(siehe S. 105)* trägt den Spitznamen Castelo do Queijo (»Käseburg«). Auf einer Klippe hoch über dem Atlantik sollte sie Seeräubern ein Vordringen auf dem Douro verwehren, und noch im Zweiten Weltkrieg wurde sie genutzt. Heute schützen ihre Mauern ein kleines Militärmuseum mit historischen Waffen und eine Bar.

Fortaleza de São Francisco Xavier

3 *She Changes*

Die von der US-amerikanischen Bildhauerin Janet Echelman aus Drahtseilen, Metallnetzen und schrägen Masten gestaltete Installation *She Changes (siehe S. 103)* erinnert an die Seefahrer- und Fischereigeschichte an Portos Atlantikküste und in der Douro-Mündung. Die von Einheimischen *anémona* (Anemone) genannte 45 Meter hohe rosafarbene Konstruktion an der Uferfront von Foz do Douro ist mittlerweile zum Wahrzeichen des Gebiets geworden.

4 Funicular dos Guindais

Karte G5 ■ Rua da Ribeira Negra 31 ■ www.metrodoporto.pt

Die 1891 erbaute Standseilbahn geriet schnell in Vergessenheit und blieb bis Anfang der 1990er Jahre ungenutzt, als sie komplett renoviert wurde. Heute steigt man oben in Batalha oder unten in Ribeira in die Seilbahn *(siehe S. 111)* ein und genießt den Panoramablick.

5 Reserva Natural Local do Estuário do Douro

Das kleine Paradies erstreckt sich am Stadtrand an der sandigen Küste der Baia de São Paio. Hier kann man mit Blick auf die Atlantikwellen wunderbar spazieren, picknicken und sich nach einer langen Nacht in der Stadt erholen *(siehe S. 96f)*.

Vorhergehende Doppelseite Ein Weinberg im Douro-Tal

6 Feira da Vandoma

Karte L2 ■ Ave 25 de Abril ■ Sa 8–13 Uhr

Auf Portos urigstem Flohmarkt gibt es keinen Touristenkrempel, sondern alte Vinylschallplatten, antiquarische Bücher und Karten, Kleidung, Geschirr und gebrauchten Hausrat. Seit einigen Jahren findet er im Viertel Campanhã statt, von der Metro-Station Estádio do Dragão ist er in nur zehn Gehminuten zu erreichen.

7 Postigo do Carvão

Karte F5 ■ Rua da Fonte Taurina ■ tägl.

Eine gotische Inschrift von 1386 schmückt den Torbogen zwischen der Rua da Fonte Taurina und dem Douro-Ufer. 18 solcher Tore führten durch den Fernandinischen Mauerring, der einst die Stadt umgab. Der Postigo ist als einziger erhalten und gehört heute zu Portos UNESCO-Welterbe.

Submania Escola de Mergulho

Karte J1 ■ Rua do Carrical 143 ■ tägl. ■ Eintritt ■ www.submania.pt

Meeraale, Oktopoden und Fischschwärme bevölkern das Wrack des deutschen U-Boots U-1277, das Ende des Zweiten Weltkriegs von seiner eigenen Besatzung vor Matosinhos in 31 Meter Tiefe versenkt wurde. Dort organisiert das Tauchzentrum Submania Tauchgänge für alle Niveaus und vermietet Equipment.

9 Muralha Fernandina

Karte G4 ■ Rua Saraiva de Carvalho

Die lange hohe Mauer mit Torbogen und viereckigen Türmen ist der beeindruckendste Überrest der einst imposanten Muralha Fernandina. Die ab dem 14. Jahrhundert unter Fernando IV erbaute Befestigung erstreckt sich von der Rua Saraiva de Carvalho bis zur Uferfront in Ribeira.

Muralha Fernandina

10 Ruínas de Arca de Água de Mijavelhas

Karte H3 ■ Campo de 24 Agosto ■ tägl. 6–13 Uhr

Die Reste eines seit Langem überbauten unterirdischen Wasserreservoirs aus dem 16. Jahrhundert und sechs Meter tiefen Brunnens wurden bei der Modernisierung von Portos Metro entdeckt. Sie sind an der Metro-Station 24 de Agosto zu sehen.

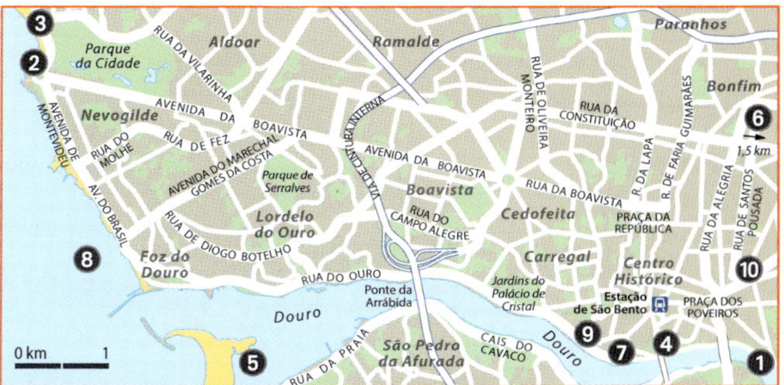

TOP 10 Kinder

Im Planetário do Porto

1 Planetário do Porto

Die 40-minütige Schau unter der 12,5 Meter hohen Kuppel des Planetariums und Wissenschaftszentrums begeistert nicht nur kleine Hobby-Astronauten und -Astronomen *(siehe S. 82)*.

2 Pavilhão da Água

Das topmoderne, vor Kurzem umfassend renovierte Besucherzentrum *(siehe S. 106)* fasziniert Kinder, die sich für die Natur und deren Schutz interessieren. Mit interaktiven Exponaten behandelt die Ausstellung unterhaltsam und anschaulich die Umwelt und Umweltprobleme des Douro und seines Einzugsgebiets und setzt sie in einen globalen Kontext.

3 Jardim do Passeio Alegre

Der Minigolfplatz ist die Hauptattraktion für Kinder in diesem schönen Park *(siehe S. 103)* im Stadtviertel Foz do Douro am Meer. Zudem gibt es einen gut ausgestatteten Spielplatz mit Schaukeln und Karussells.

4 World of Discoveries

In diesem familienfreundlichen interaktiven Museum und Themenpark *(siehe S. 79)* erlebt man, in welch drückender Enge portugiesische Seeleute im 15. Jahrhundert auf kleinen Schiffen in die Welt segelten. Die rasante Flussfahrt durch einen nachgebildeten tropischen Regenwald ist ein Riesenspaß.

5 Praia do Homem do Leme

Karte N2 ■ Ave de Montevideu

Mit Eimer und Schaufel kann man in der kleinen Bucht im hellen Sand buddeln und Burgen bauen. Und wenn bei Ebbe das Wasser zurückgeht, stöbert man in den Felsbecken nach Tieren. Familien mögen die Praia auch deshalb gerne, weil das Wasser hier relativ ruhig ist.

6 Museu das Marionetas

In diesem interessanten Museum des berühmten Teatro das Marionetas do Porto *(siehe S. 82)* lernen junge Besucher alles über Geschichte und hohe Kunst des Marionettenspiels. Die originellen Aufführungen mit traditionellen portugiesischen Puppen sind auch für Erwachsene sehr unterhaltsam.

Museu das Marionetas

7 Museu dos Transportes e Comunicações

Kinder, die mit Smartphone und der Technik des 21. Jahrhunderts aufgewachsen sind, werden sich über die alten Computer, Telefone und noch älteren Geräte in diesem Museum *(siehe S. 80)* wundern. Unter den vielen Oldtimern des Museums sind auch die exklusiven Limousinen zu sehen, in denen im 20. Jahrhundert der Diktator António Salazar und dessen Minister chauffiert wurden – und Portugals allererstes Automobil: ein Panhard & Levassor, den ein portugiesischer Adeliger 1895 aus Frankreich importiert hatte.

8 Parque de Serralves

In dem mit gepflegten Rasenflächen, Brunnen, Sträuchern und Gehölzen schön angelegten subtropischen Park *(siehe S. 29)* können Kinder die hochspannenden Skulpturen erkunden und im blühenden Grün sicher spielen.

9 Teleférico de Gaia

Wenn Ihre Kinder schwindelfrei sind, sollten Sie Tickets für den Teleférico de Gaia kaufen *(siehe S. 96)*. Während der fünfminütigen Fahrt in dieser Seilbahn können Sie Porto und Vila Nova de Gaia aus der Vogelperspektive betrachten. Als krönenden Abschluss können Sie abends den Sonnenuntergang vom Jardim do Morro am Ende der Strecke beobachten.

Beim Baden im Piscina das Marés

10 Piscina das Marés

Karte J1 ■ Ave da Liberdade, Matosinhos ■ Mai – Sep: tägl. 9 – 19 Uhr ■ Eintritt ■ www.matosinhosport.com

Portos Atlantikstrände sind mit ihren oft großen Wellen und kaltem Wasser für Familien eher nicht ideal. Im Gegensatz dazu sind diese in die Felsenlandschaft integrierten Salzwasserbecken perfekt für einen Tag am Wasser. Es gibt ein flaches Becken für Kinder, ein größeres für Erwachsene und Jugendliche.

TOP 10 Spezialitäten

1 Tarte de amêndoa

Die Mandeln von den Bäumen, die im Frühjahr das Douro-Tal in weiße Blüten hüllen, sind die Hauptzutat für Portugals Lieblingskuchen *tarte de amêndoa*. Dafür wird ein Teig aus Mandelblättchen, Zucker, Butter, Eiern und Milch zu einem Kuchen mit knuspriger Kruste gebacken, der mit gehackten Mandeln belegt wird.

Mandelkuchen *tarte de amêndoa*

2 Francesinha

Portos Variante des französischen Croque Monsieur ist eine Kalorienbombe: ein Sandwich mit Schinken, Wurst und Steak, mit einer Haube aus geschmolzenem Käse und Spiegelei. Übergossen wird es mit einer Tomaten-Bier-Sauce, serviert mit Pommes frites.

3 Portwein

Der nach Porto benannte Wein wurde erstmals im 17. Jahrhundert für den britischen Markt ausgebaut. Schottische und englische Weinspediteure hatten entdeckt, dass mit Brandy versetzte Douro-Weine beim Transport nicht sauer wurden und zudem besser schmeckten. Gängige Typen sind Tawny, Ruby und Vintage. Sie alle reifen vor Flaschenabfüllung in Holzfässern, Vintage Ports mindestens 15 Jahre.

Fässer mit Vintage Port

4 Alheira

Die ursprünglich koschere, pikante Räucherwurst war eine Spezialität von Portos jüdischer Gemeinde. Sie wird aus Hühnchen, Kaninchen, Truthahn oder Wild von den Wäldern und Feldern der ländlichen Region Trás-os-Montes zubereitet und gegrillt mit Reis und Spiegelei serviert.

5 Toucinho do céu

Für den »Himmelsspeck« genannten Kuchen nehme man Mandeln und Eier, vor allem jedoch Schweineschmalz, das ihn besonders saftig macht. *Toucinho do céu* ist dennoch ein köstliches süßes und keinesfalls pikantes Dessert.

6 Broa de Avintes

Das dunkle Brot aus grobem Roggenmehl stammt ursprünglich aus der kleinen Stadt Avintes im Südosten von Porto. Es wird bis zu sechs Stunden lang gebacken, damit es saftig und geschmackvoll bleibt, und als Beilage zu Schinken, Wurstspezialitäten, Käse und Suppen serviert.

7 Pastéis de Chaves

Die halbmondförmigen Snacks bestehen aus Blätterteig mit einer Füllung aus Kalbfleischhack. Echte *pastéis de Chaves* kommen nur aus der kleinen Stadt Chaves rund 160 Kilometer östlich von Porto – doch sie werden auch überall in Porto verkauft.

8 Tripas à moda do Porto

Diesem Gericht verdanken Portos Einwohner ihren Spitznamen *tripeiros* (Kuttelesser). Auf dem Speiseplan steht es seit dem 15. Jahrhundert, als die besten Rinderstücke an die Crews Heinrichs des Seefahrers gingen und für die Stadtbevölkerung nur Innereien übrig blieben. Je weiter sich Portugals Weltreich ausdehnte, desto mehr Gewürze fanden ihren Weg in den Kochtopf. *Tripas à moda do Porto* (Kutteln nach Porto-Art) ist ein Eintopf mit Kutteln, Schweinsfüßen, Wurst, Huhn und Bohnen, der nach Kreuzkümmel, Nelken und Curry duftet.

Bolinhos de bacalhau

9 Bolinhos de bacalhau

Die köstlichen Bällchen aus getrocknetem Kabeljau, Kartoffelpüree, gekochten Eiern, Zwiebeln und Petersilie sind Portos Variante des *bacalhau* (eingesalzener Kabeljau) – mehr oder weniger Portugals Nationalgericht.

10 Pastéis de nata

Die mit Zimt bestreuten Puddingtörtchen werden in ganz Porto in Cafés, Teestuben und Bäckereien serviert. Sie schmecken wunderbar zum Morgenkaffee, sind aber auch ein beliebtes Dessert. Am köstlichsten sind sie frisch aus dem Ofen und noch warm.

Petiscos

Frisch gegrillte Sardinen

1 Sardinhas grelhadas
Gegrillte Sardinen aus der Region – ein köstlich pikanter und vor allem auch sättigender Snack.

2 Carapau
Erstklassige Makrelenfilets, die als Delikatesse direkt aus der Dose mit frischem Brot gegessen werden.

3 Polvo
Zart geschmorter Oktopus mit Zwiebeln und Petersilie, kalt serviert.

4 Amêijoas
Heiße Venusmuscheln in Butter-Knoblauch-Sauce.

5 Choqinhos
Baby-Tintenfische werden gegrillt serviert, größere *chocos* (Tintenfische) in der Regel mit Zwiebeln, Tomaten und Olivenöl weich gedünstet.

6 Bifana
Knuspriges Brötchen mit dünnen Scheiben gegrillter Schweinelende, mit Gewürzen und Knoblauch verfeinert.

7 Pica-Pau
Eine beliebte Platte mit Schnittkäse, Aufschnitt und Räucherwurst. Dazu wird typischerweise eingemachtes Gemüse gereicht.

8 Moelas
In Wein, Kräutern, Knoblauch und Tomaten weich geschmorte Hühnermägen. Oft wird das Gericht mit frisch gebackenem knusprigem Brot gegessen.

9 Pataniscas
Köstliche, einfache Fischfrikadellen aus eingesalzenem Kabeljau, Zwiebeln und Petersilie, in Teig frittiert.

10 Caracóis
Für das in ganz Portugal beliebte Sommergericht werden Schnecken in würziger Brühe gekocht. Dazu schmeckt am besten ein kaltes Bier.

TOP 10 Restaurants

1 Antiqvvm

Das Sternerestaurant *(siehe S. 85)* unter den Steinarkaden der Quinta da Macieirinha aus dem 19. Jahrhundert ist ideal für Feinschmecker auf der Suche nach perfekt zubereiteter saisonaler Regionalküche. Auf der Gartenterrasse hat man einen herrlichen Blick über die Stadt.

The Yeatman: Abendessen mit bester Aussicht

2 Taberna dos Mercadores

Herzhafte traditionelle portugiesische Gerichte wie *feijoada* (Bohneneintopf mit Schweinefleisch) und *arroz de polvo* (Oktopusreis) sind Fixpunkte auf der Speisekarte des unprätentiösen, aber topaktuellen Restaurants *(siehe S. 77)*. Besonders beliebt ist auch der flambierte Seebarsch.

3 Intrigo

Schlicht, aber gut ist die Küche in diesem Restaurant mit Weinbar *(siehe S. 85)*. Serviert werden Klassiker wie *bolinhos de bacalhau* (Kabeljaubällchen) und langsam gegarte Schweinebäckchen. Ein einmaliges Plus ist die Aussicht auf den Douro und die Ponte Dom Luís I.

4 Papavinhos

Stargericht des schicken modernen Restaurants *(siehe S. 85)* ist der üppige *arroz de marisco* (Seafood mit Reis). Beliebt sind auch die exzellenten frischen Meeresfrüchte und Gerichte mit Schweine-, Lamm- und Rindfleisch aus der Region. Vom Obergeschoss ist der Blick über den Fluss sehr schön.

5 The Yeatman

Das Sternerestaurant im Hotel The Yeatman *(siehe S. 101)* serviert ein Menü mit Seafood aus den Gewässern der Region sowie köstliche mehrgängige Verkostungsmenüs. Die À-la-carte-Gerichte sind saisonal und asiatisch beeinflusst, z. B. Rochen mit Kokosnuss und Limone oder Hummer mit Tintenfisch und Yuzu.

Bolinhos de bacalhau, **Intrigo**

6 Grelhador da Boavista

Das Grillrestaurant *(siehe S. 93)* ist berühmt für seine preiswerten Tintenfisch- und Hühnchenspieße, Grillkoteletts und Würste. Es liegt zudem günstig zur Casa da Música.

7 Rosa do Porto

Das freundliche kleine Restaurant *(siehe S. 93)* liegt zwar in einem Viertel voller schicker und überteuerter Lokale, ist aber erstaunlich preiswert: Ein Hauptgericht gibt es hier schon ab elf Euro, unter anderem exzellenter Seebarsch, Thunfischsteaks, Kalbfleisch und Entrecôte. Zum

Dessert sollte man unbedingt die köstliche *leite creme* (Crème brûlée) probieren.

8 Tentações no Prato

In dem kleinen familiengeführten Lokal *(siehe S. 107)* am Atlantikufer in Foz do Douro schmecken Klassiker wie *polpo* (Oktopus), gegrillte Seezunge und Kutteln nach Porto-Art. Die authentische Küche ist besonders bei den Einheimischen beliebt. Das Restaurant hat viele Stammgäste. Man sollte deshalb einen Tisch reservieren.

9 DOP

Der in Porto geborene Chefkoch Rui Paula entführt seine Gäste mit kreativen Menüs auf eine kulinarische Entdeckungsreise. Serviert werden portugiesische Klassiker wie Milchziegenkitz, hausgemachte Würste, *bacalhau*, Kalbfleisch und frisches Seafood *(siehe S. 77)*.

10 Bacalhau

In diesem Restaurant *(siehe S. 77)* am Douro dreht sich alles um Kabeljau, doch nicht nur um die allgegenwärtigen Bällchen. Zum schönen Blick auf den Fluss schmeckt hier Kabeljau z. B. mit Spinat und Kastanien oder orientalisch mit getrockneten Aprikosen.

Terrasse des Bacalhau am Douro

Tascas & Tabernas

Petiscaria Santo António

1 Petiscaria Santo António
Karte F4 ▪ Rua da Assunção 40 ▪ €
Die Bar serviert besonders kreative *petiscos* (Snacks).

2 Tascö
Karte F3 ▪ Rua do Almada 151A ▪ €
Spezialität des Tascö sind *rojões* (gebratene Schweinefleischwürfel) und *alheira* (Räucherwurst).

3 Escondidinho do Barredo
Karte F5 ▪ Rua dos Canastreiros 28 ▪ €
Beliebte Klassiker sind gegrillter Tintenfisch, Oktopussalat und Kabeljaubällchen.

4 Trigo de Cantos
Karte H4 ▪ Praça dos Poveiros 122 ▪ €
Hier schmecken Schinken, Käse, *morcela* (Blutwurst) und *chouriço* wunderbar zu regionalen Bio-Weinen.

5 Tasca da Badalhoca
Karte K1 ▪ Rua Dr. Alberto de Macedo 437 ▪ €
Die köstlichen Schinkensandwiches des einladenden Lokals sind legendär.

6 Jimão Tapas e Vinhos
Käse- und Wurstplatten sind der Hit im Jimão *(siehe S. 77)*.

7 Taberninha do Manel
Eines der besten Lokale für *francesinhas* und *bifanas (siehe S. 100)*.

8 O Golfinho
Karte F3 ▪ Rua Sa Noronha 137 ▪ €
Hier trifft man sich zu kaltem Bier, Pommes frites und *francesinhas*.

9 Casa Guedes
Karte H4 ▪ Praça dos Poveiros 130 ▪ €
Das Lokal serviert seit 1987 köstliche *sandes de Pernil* (Sandwiches mit Schweinefleisch).

10 Taberna do Cais das Pedras
Karte E4 ▪ Rua de Monchique 65 ▪ Mo geschl. ▪ €€
Das Dekor und die leckern *petiscos* mögen Einheimische und Besucher.

Preiskategorien siehe S. 77

TOP 10 Quintas & Kellereien im Douro-Tal

1 Quinta de la Rosa

Pinhão ■ Ostern – Okt: Mo – Fr 9 – 13 & 14 – 18 Uhr ■ Eintritt ■ www.quintadelarosa.com

Höhepunkt einer Besichtigung des großen Weinguts ist die Tour durch das »Höllental« – den Weinberg Vale do Inferno, dessen Terrassen zwischen hohen Steinmauern in der Sommerhitze glühen. Zur Quinta de la Rosa gehört ein Boutique-Hotel mit Pool und Restaurant am Fluss.

2 Quinta da Roêda

Pinhão ■ Apr – Okt: tägl. 10 – 18.30 Uhr ■ Eintritt ■ www.croftport.com

Das Gut ist das Flaggschiff eines legendären Portweinhauses. Bei Verkostungen und Cocktailmix-Kursen mit jungem Portwein lernt man die Geschichte von Croft und seinen Weg ins 21. Jahrhundert kennen.

3 Quinta das Carvalhas

Pinhão ■ Ostern – Okt: tägl. 10 – 19.30 Uhr ■ Eintritt ■ www.realcompanhiavelha.pt

Von der Casa Redondo am höchsten Punkt der Quinta hat man einen traumhaften Panoramablick über einen Abschnitt des Douro-Tals und die umliegenden Weinberge mit ihren schier zahllosen jahrhundertealten Rebstöcken.

Die Quinta das Carvalhas direkt am Fluss

Weinkeller der Quinta do Vallado

4 Quinta do Vallado

Vilarinho dos Freires ■ tägl. 8 – 24 Uhr ■ Eintritt ■ www.quintadovallado.com

Auf dem 1716 gegründeten Weingut lebte die Grande Dame der Douro-Region, die legendäre Antónia Ferreira *(siehe S. 39)*. Die altehrwürdige Quinta bestätigt ihren fortschrittlichen Ruf mit einer 2009 eröffneten Kellerei und der Einführung von biologischem Weinbau.

5 Quinta da Pacheca

Rua do Relógio do Sol 261, Cambres ■ tägl. 10 – 19 Uhr ■ Eintritt ■ www.quintadapacheca.com

Als eines der alten Weingüter im Douro-Tal produziert die Quinta seit dem 18. Jahrhundert Portwein. Besucher können Wein verkosten, im Herbst Reben stampfen, die Weinberge erkunden und in Hütten aus riesigen alten Weinfässern oder im Boutique-Hotel des Guts übernachten.

6 Quinta do Panascal

Valença do Douro ■ Ostern – Okt: tägl. 10 – 18.30 Uhr ■ Eintritt ■ www.fonseca.pt

Wer die Weinberge gerne selbst erkunden möchte, kann sich auf dieser klassischen

Quinta mit den weiß getünchten Mauern und den roten Ziegeldächern mit mehrsprachigen Audioguides auf den Weg machen.

7 Quinta Nova

Covas do Douro ■ Apr–Okt: Di–So 10.30–19 Uhr; Führungen 10.45, 12.15 und 15.30 Uhr ■ Eintritt ■ www.quintanova.com

Das in ein Boutique-Hotel mit Restaurant umgebaute Herrenhaus der Quinta Nova steht mitten in den Weinbergen, die die Gäste erkunden können. In der Kellerei von 1764 finden Weinproben statt, ein Museum erzählt mit zahlreichen Exponaten von 250 Jahren Weinbaugeschichte.

8 Quinta do Seixo

Valença do Douro ■ +351 254 732 800 ■ März–Okt: tägl. 10.30–18.30 Uhr; Nov–Feb: 10.30–12.30 & 14–17.30 Uhr ■ Eintritt ■ www.sandeman.com

Sandemans 100 Hektar großes Gut ist der Inbegriff einer Quinta: Weinberge, die bis zum Ufer des Douro mit unzähligen Rebstöcken bepflanzt sind. Die Weinreben sind mehr als 100 Jahre alt, die 2007 eröffnete Kellerei ist jedoch topmodern.

9 Quinta do Crasto

Gouvinhas, Sabrosa ■ tägl. 9.30–18.30 Uhr ■ Eintritt ■ www.quintadocrasto.pt

Für ein umfassendes Weinerlebnis im Douro-Tal bietet die Quinta do Crasto reichlich Gelegenheit zum Essen und Trinken sowie Portweinproben und Führungen durch seine Weinberge und Keller.

10 Quinta da Gricha

Ervedosa do Douro, São João da Pesqueira ■ tägl. 10–18 Uhr ■ Eintritt ■ www.churchills-port.com

Die 2017 eröffnete Quinta da Gricha ist der neue Name unter den Weinproduzenten in der Douro-Region. Das Weingut im Besitz von Portos jüngstem, 1981 gegründetem Weinunternehmen verfolgt einen neuen Ansatz in der Kunst der Portweinherstellung.

Douro-Weine

1 Vinho Verde
Frischer, trockener und perlender weißer Vinho Verde kommt aus Minho, gleich hinter der Stadtgrenze von Porto. Zu den beliebtesten Rebsorten gehören Avarinho, Azal und Lourinho.

2 Vinho Verde Tinto
»Grüner roter Wein« hört sich vielleicht widersprüchlich an, tatsächlich ist Vinho Verde aus roten Trauben aber wirklich dunkelrot.

3 Vinho Verde Rosado
Der Rosé der Vinhos Verdes ist ein nach Beeren duftender Sommergenuss.

4 Bairrada
Das Atlantik-Terroir südlich von Porto erzeugt kräftige Rote – vor allem aus der autochthonen Rotweinsorte Baga.

5 Tinto Douro
Die körperreichen Douro-Roten sind weniger bekannt als die aus denselben Sorten hergestellten Portweine, aber genauso gut.

6 Douro Branco
Die steinigen Böden und die heiße Sonne im Douro-Tal prägen die Trauben für diese trockenen Weißweine mit mineralischer Note.

7 Terras de Cister
Der Schaumwein ist ein Geheimtipp unter Kennern. Er kommt aus einer kleinen Bergregion südlich des Douro, die ursprünglich von Zisterziensermönchen besiedelt wurde.

8 Terras do Dão
Die komplexen Rotweine aus der Dão-Region südöstlich von Porto passen perfekt zu gegrilltem Fleisch.

9 Tinto Transmontano
Aus der rauen Region Trás-os-Montes nördlich des Douro kommen körperreiche Rote mit recht hohem Alkoholgehalt.

10 Mateus Rosé
Der in den 1970er Jahren bei britischen Pseudo-Connaisseuren beliebte Rosé vom unteren Douro zeigt sich im 21. Jahrhundert in einer verbesserten, eleganteren Version.

Mateus Rosé

TOP 10 Kostenlose Attraktionen

1 Fortaleza de São João Baptista da Foz

In der imposanten, mit Türmen bewehrten Festung am Meer *(siehe S. 104)* finden kostenlose Kunstausstellungen statt. Dort spaziert man zwischen den strengen Granitmauern, deren Bau ein Jahrhundert dauerte. Die stille Kirche São João Baptista (Johannes der Täufer) aus dem 16. Jahrhundert bildet einen Kontrast zur militärischen Umgebung.

2 Geführte Spaziergänge

Porto Walkers: Karte F4 ▪ Praça da Liberdade ▪ Touren tägl. 10.45 Uhr ▪ www.portowalkers.pt

Die kenntnisreichen Guides von Porto Walkers führen Kleingruppen auf dreistündigen Altstadt-Spaziergängen zu den meisten berühmten, aber auch zu eher unbekannteren Sehenswürdigkeiten – perfekt, um sich zu orientieren, bevor man die Stadt auf eigene Faust erkundet.

3 Jardins do Palácio de Cristal

Der Park des Palácio de Cristal ist kostenlos zugänglich. Der Palácio ist zwar nicht mehr vorhanden, dafür bieten Brunnen, Rasenflächen und Alleen eine Oase der Ruhe im Trubel der Stadt *(siehe S. 26f)*.

4 Sandeman Hall

Karte F5 ▪ Largo Miguel Bombarda 47 ▪ tägl. 10–18 Uhr ▪ www.sandeman.com

In der Sandeman Hall erzählen Gemälde, Drucke, Keramiken, Flaschen und alte Fotografien die Geschichte von einer der führenden Portweindynastien in Vila Nova de Gaia vom späten 18. Jahrhundert bis heute. Der Eintritt ist frei.

5 Banco de Materiais

Das einzigartige Designzentrum samt Werkstatt und Laden *(siehe S. 45)* der Stadt Porto soll Hausbesitzern bei der Erhaltung des architektonischen Erbes und der berühmten Azulejos helfen. Hier kann man die schönen Fliesen bewundern und alles über ihre Geschichte erfahren.

6 Centro Português de Fotografia

Fotofans strömen in dieses kostenlose Museum *(siehe S. 79)* in einem ehemaligen Gefängnis, dessen Exponate hinter Eisengittern in den Zellen platziert sind. Zu sehen sind zudem im ganzen Gebäude interessante Fotoausrüstungen sowie Wechselausstellungen historischer und zeitgenössischer Fotografie.

Kostenlose Fotoausstellung im Centro Português de Fotografia

Auf der Ponte Dom Luís I

7 Ponte Dom Luís I

Karte G5 ■ Avenida da Vimara Peres

Gratis ist auch der Weg über die hohe Ponte Dom Luís I. Das noch heute beeindruckende Meisterwerk der Ingenieurskunst wurde 1816 von Gustave Eiffels Partner Théophile Seyrig erbaut. Der Blick vom Oberdeck, auf dem die Metro fährt, über das Stadtzentrum und Vila Nova de Gaia ist großartig.

8 Estação de São Bento

Portos opulenten Hauptbahnhof *(siehe S. 71)* schmücken Azulejos mit bunten Szenen des berühmten Keramikkünstlers Jorge Colaço – der 1916 erbaute Bahnhof ist ein wahres Azulejos-Museum.

9 Orquestra Sinfónica do Porto

Musikfans können die Proben des Orquestra Sinfónica do Porto für bis zu 14 Aufführungen im Jahr (in der Regel zwischen Januar und Juli) im Auditorium der Casa da Música *(siehe S. 24f)* kostenlos besuchen.

10 Casa-Museu Teixeira Lopes

Das schöne ehemalige Wohnhaus und Atelier des Architekten José Teixeira Lopes präsentiert eine hervorragende Sammlung mit moderner sowie afrikanischer Kunst und feinem asiatischem Porzellan *(siehe S. 96)*.

Porto für wenig Geld

1 Porto City Card
Mit der Porto.CARD (www.portocard.city) hat man freien Eintritt in sieben Museen, verbilligten Eintritt bei anderen Attraktionen und freie Fahrt mit den öffentlichen Verkehrsmitteln (darunter auch einige Vorortzüge).

2 Douro River Taxi
Fahrten mit der altmodischen Fähre (www.dourorivertaxi.com) auf dem Douro machen Spaß und sind viel preiswerter als Touren mit Ausflugsbooten.

3 Brunchen
Preiswerte Leckerbissen gibt es im Mercado Bom Sucesso *(siehe S. 90)*.

4 Nebensaison
Zwischen Oktober und März sind Flüge und Hotels preiswerter.

5 Kirchen
Portos Kirchen sind kostenlos zugänglich, aber Spenden oder der Kauf von Votivkerzen sind stets willkommen.

6 Streetart
Kostenlose Streetart-»Galerien« findet man z. B. in der Rua de Miguel Bombarda und in der Rua da Restauração *(siehe S. 72)*.

7 Workout im Park
In vielen Parks gibt es kostenlose Fitnessgeräte und Laufbahnen.

8 Fado-Restaurants vermeiden!
Die *casas de fado* verlangen häufig gesalzene Preise, besser geht man in eine typische *tasca* oder *taberna*.

9 Städtische Museen
Der Eintritt in Portos städtische Museen ist immer frei.

10 Yellow Bus Tours
Mit einem Ticket von Yellow Bus Tours kann man bei Touren, Besichtigungen und Flussfahrten Geld sparen (www.yellowbustours.com/en/porto).

Bus von Yellow Bus Tours

TOP 10 Feste & Festivals

Studierende feiern ihre Graduierung, Queima das Fitas do Porto

1 Queima das Fitas do Porto

Karte P1 ■ Queimódromo do Porto ■ Mai ■ www.queimadoporto.com

Kurz vor Beginn der letzten Studienzeit vor den Abschlussexamen der Universität feiern Portos Studierende ihre Graduierung und das Ende des akademischen Jahres mit dem traditionellen »Verbrennen der Bänder« – einem Umzug durch den Parque da Cidade *(siehe S. 103)* und weiter bis zum Rathaus. Die Absolventen tragen einen Spazierstock und einen Zylinder in der Farbe ihrer Fakultät, Studierende im zweiten Jahr Umhänge und die im ersten Jahr alberne oder lustige Kostüme. In der ganzen Stadt finden Konzerte statt, und es wird getanzt.

2 Festa do Senhor de Matosinhos

Karte J1 ■ Igreja de Bom Jesus de Matosinhos ■ Ende Mai – Mitte Juni

Ursprünglich ein christliches Fest, bei dem ein Jesus-Bild durch die Straßen von Matosinhos getragen wurde – heute ein dreiwöchiges multikulturelles Festival mit Umzügen, Fado, World Music und Feuerwerk.

3 Porto Beer Fest

Karte D3 ■ Jardins do Museu Nacional Soares dos Reis ■ Juni

Bei diesem Festival können Sie mehr als 340 handwerklich gebraute Biere probieren. Die Brauer kommen aus ganz Europa, sodass Sie garantiert *Ihr* Bier finden werden.

4 Festa de São Pedro da Afurada

São Pedro da Afurada ■ Ende Juni

Bei dem Fest in Fischerort Afurada dreht sich alles um Sardinen. Figuren der *Santos Populares* (Volksheiligen) Petrus – Schutzpatron der Fischer –, Anton und Johnnes werden durch die Straßen getragen. Danach wird mit Grillfisch, Feuerwerk und Tanz bis zum Morgen gefeiert.

5 Festa de São João

Praça da Ribeira in der ganzen Altstadt ■ 23./24. Juni

Portos Schutzpatron São João (Johannes) wird mit einem spektakulären Feuerwerk um Mitternacht sowie die ganze Nacht mit kostenlosen Konzerten und Straßenfesten gefeiert. Am nächsten Morgen paradiert eine Bootsflotte mit traditionellen *rabelos* vor der Uferfront.

6 Essência do Vinho

Karte F5 ▪ Palácio da Bolsa, Rua Ferreira Borges ▪ Eintritt ▪ Mitte Feb ▪ www.essenciadovinho.com

Weinverkostungen, Vorträge und Kulinarik sind die Highlights von Portugals bedeutendstem Event für Weinliebhaber. Präsentiert werden Weine vom Douro, aus der grünen Minho-Region, aus weiteren Gebieten Portugals und anderen Ländern.

7 Aquaporto

▪ Okt ▪ www.porto.pt

Drei Tage finden unterhaltsame und informative Events rund um das Thema Wasser am Pavilhão da Água und im Parque da Cidade in Foz do Douro statt.

8 Porto Marathon

www.porto-marathon.com ▪ Nov

Bis zu 5000 Läufer nehmen an dieser strapaziösen Ausdauerprüfung teil. Start und Ziel des Marathons ist der Parque da Cidade.

Teilnehmer des Porto Marathon

9 Feira de Artesanato do Porto

Dez

Töpfer, Schnitzer und sonstige Handwerker verkaufen auf dieser Kunstgewerbemesse ihre Waren.

10 Corrida de São Silvestre

www.runporto.com ▪ Ende Dez

An dem Freundschaftslauf durch das Stadtzentrum, der am Rathaus in der Avenida dos Aliados beginnt, nehmen jedes Jahr Tausende Einheimische und Besucher teil.

Kulturfestivals

NOS Primavera Sound

1 Fantasporto
▪ Feb – März ▪ www.fantasporto.com
Fantasy- und Science-Fiction-Fans strömen zu diesem Filmfest in Porto.

2 Dias de Dança
▪ Ende Apr – Mai
Dreiwöchiges Tanzfestival mit Tänzern und Inszenierungen aus aller Welt.

3 Festival Internacional de Teatro de Expressão Ibérica
▪ Mitte Mai ▪ www.fitei.com
Zweiwöchiges Theaterfestival mit Ensembles der Iberischen Halbinsel.

4 Serralves em Festa
▪ Juni ▪ www.serralves.pt
Drei Tage Tanz, Theater, Musik und Film bei diesem Fest im Serralves.

5 NOS Primavera Sound
▪ Juni ▪ www.nosprimaverasound.com
Portos riesiger Parque da Cidade füllt sich zum NOS mit Ravern.

6 Festival Internacional de Folclore Cidade de Porto
▪ Juli ▪ www.ranchoparanhos.com
Einwöchiges Folklorefestival mit Musik, Gesang und Tanz.

7 MEO Marés Vivas
▪ Juli ▪ www.maresvivas.meo.pt
Dreitägiges Festival mit großen Namen aus Rock, Jazz und Pop.

8 PortoCartoon-World
▪ Okt
Portos berühmtes Karikatur-Fest.

9 Porto Photo Fest
▪ Okt ▪ www.portophotofest.com
Ein Fotofestival mit Workshops, Ausstellungen und Führungen.

10 Festival Internacional de Marionetas do Porto
▪ Nov ▪ www.marionetasdoporto.pt
Zu dem alljährlichen Festival kommen Puppenspieler aus aller Welt.

Stadtteile

Fassaden traditioneller Häuser, verziert mit kunstvollen portugiesischen Azulejos

TOP 10 Ribeira & Baixa

Eine imposante mittelalterliche Kathedrale überragt das einmalige Ensemble der Altstadt, die heute zum UNESCO-Welterbe gehört. Seit mindestens drei Jahrtausenden ist der Hügel besiedelt, auf dem die Sé do Porto über dem historischen Stadtteil Baixa mit seinen eleganten Läden und schicken Boutiquen thront. Bergab führt ein wahres Labyrinth aus engen Straßen und Arkaden, die von eindrucksvollen alten Häusern mit Balkonen gesäumt werden, in das bunte Ribeira und zum Kai am Douro. Unterwegs entdeckt man Kirchen aus Gotik und Renaissance sowie einen restlichen Abschnitt der Stadtmauer aus dem 14. Jahrhundert. Für Abwechslung sorgen viele lebhafte Bars und Cafés – Ribeira ist bekannt für sein Nachtleben.

Statue, Igreja do São Francisco

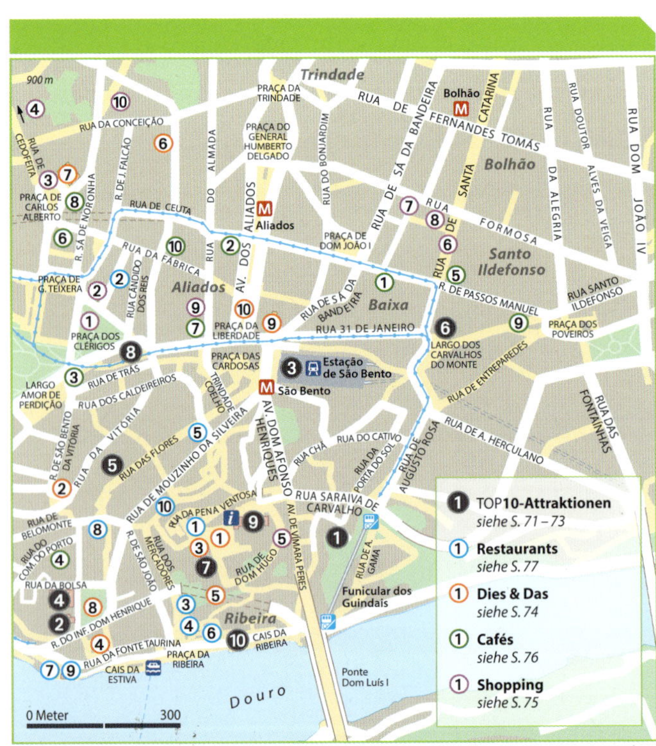

Barocker Innenraum der Igreja de Santa Clara

① Igreja de Santa Clara

Karte G4 ■ Largo Primeiro de Dezembro 10 ■ tägl. 9–13, 14–18 Uhr (Di, So bis 17 Uhr) ■ Eintritt ■ https://santaclaraporto.pt

Santa Clara wurde Mitte des 15. Jahrhunderts im Auftrag von König Dom João I für den Orden der Klarissen erbaut – und versteckt hinter ihrer schlichten Fassade aus der Frührenaissance opulentes Dekor mit meisterhaften, polychrom gefassten und vergoldeten barocken Holzschnitzereien, die zu den schönsten der Schnitzereikunst in Portugal zählen.

② Igreja de São Francisco

Mit einer gigantischen Menge Gold wurden die opulenten Altäre, Säulen und Wände der Kirche *(siehe S. 16f)* im 17. und 18. Jahrhundert verkleidet. Solchen Glanz vermutet man hinter der viel schlichteren mittelalterlichen Fassade gar nicht. Künstlerisches Highlight ist die von António Gomes und Filipe da Silva 1718–21 geschnitzte *Wurzel Jesse*, die den Stammbaum Jesu darstellt. Zu den zahllosen Memento mori in den Katakomben gehören auch die Schädel und Knochen längst verstorbener Mönche und Priester.

③ Estação de São Bento

Karte G4 ■ Praça de Almeida Garrett

Mit dem 1916 eröffneten Hauptbahnhof São Bento fand Porto etwas verspätet Anschluss an das 20. Jahrhundert. Außen ist er wie ein französisches Schloss der Belle Époque gestaltet, im Inneren ist er ein glanzvolles Schaufenster portugiesischer dekorativer Kunst: In der Vorhalle zieren wunderbare Azulejos die Wände.

Prachtvoll illuminierter Estação de São Bento

4 Palácio da Bolsa

Einen ganz besonderen Glanz verströmt dieses imposante Monument des Handels und Kapitalismus *(siehe S. 14f)*. Die 1910 fertiggestellte Börse wurde als Anreiz für Investitionen in Portos wachsende Industrie und Handelswirtschaft erbaut und war bis Ende des 20. Jahrhunderts in Betrieb. Das Glanzstück des Börsenpalasts ist der Maurische Saal. Vorbild für die Architektur und Ausgestaltung der riesigen Empfangshalle war die legendäre Alhambra in Granada.

Prunktreppe, Palácio da Bolsa

5 Museu da Misericórdia do Porto

Karte F4 ■ Rua das Flores 15 ■ Apr–Sep: tägl. 10–18.30 Uhr; Okt–März: tägl. 10–17.30 Uhr ■ Eintritt

Das Museum widmet sich einer karitativen Stiftung, deren Geschichte ins 16. Jahrhundert zurückreicht. Die Santa Casa da Misericórdia (Heiliges Haus der Barmherzigkeit) versorgte die Ärmsten der Armen in Porto medizinisch und seelsorgerisch.

6 Igreja de Santo Ildefonso

Karte G4 ■ Praça da Batalha ■ Mo 15–17.30, Di–Fr 9–12, 15–18.30, Sa 9–12.30, 15–19.45, So 9–11 Uhr

Die alte Kirche ziert eine beeindruckende Azulejos-Fassade von 1932. Seit ihrer Weihe im Jahr 1739 wurde die Kirche grundlegend umgebaut und überstand einige Krisen: 1819 wurde sie von einem schweren Sturm beschädigt und bei der Belagerung von Porto 1832 durch Artilleriebeschuss weiter ramponiert.

Zeitgenössische Streetart

Nicht nur die mit Azulejos verzierten Mauern von Wahrzeichen wie der Igreja de Santo Ildefonso und der Sé do Porto sind wahre Kunstgalerien. Auch die Mauern in Ribeira und Baixa, auf denen zeitgenössische Streetart zu sehen ist, beeindrucken. Portos dynamische Streetartszene boomt, seitdem Bürgermeister Rui Moreira 2013 Wallpaintings von talentierten Künstlern erlaubte – z. B. in der Rua da Madeira nördlich des Bahnhofs São Bento und in der Avenida Vímara Peres gegenüber der Sé.

7 Museu de Arte Sacra e Arqueologia

Karte F4 ■ Largo do Colégio ■ Mo 10–16.30, Di–Sa 9–16.30, So 10–11.30, 13.30–17.30 Uhr ■ Eintritt

Die beeindruckende Sammlung des Museums im Colégio de São Lourenço umfasst rund 700 Jahre sakrale Kunst und Bildhauerei aus dem 13. Jahrhundert bis heute.

8 Igreja & Torre dos Clérigos

Zu den wichtigsten Orientierungspunkten Portos gehört der Turm der Igreja dos Clérigos *(siehe S. 18f)* aus dem 18. Jahrhundert. Er ragt 76 Meter in die Höhe. Die 225 Stufen zur Spitze sind eine Herausforderung, doch oben wird die Mühe mit einem atemberaubenden Blick über Portos Altstadt belohnt.

Fensterrosette der Sé do Porto

9 Sé do Porto

Blau-weiße Azulejos schmücken die Mauern der alten Kathedrale *(siehe S. 12f)*. Seit ihrer Gründung im 12. Jahrhundert wurde die Sé vielfach umgebaut, das einzige nennenswerte verbliebene Element aus ihrer Frühzeit ist eine Fensterrosette an der Westfassade. Eine Treppe aus dem 17. Jahrhundert führt hinauf zu den sakralen Kunstwerken in den Obergeschossen. Auf der Terrasse vor der Kathedrale hat man einen schönen Blick auf die Stadt.

10 Cais da Ribeira

Typisch Porto ist der Blick vom Cais da Ribeira *(siehe S. 20f)* auf die bunten Häuser an den Hängen oberhalb der von Arkaden gesäumten Uferpromenade am Douro.

Blick auf den Cais da Ribeira

Spaziergang

Vormittags

Steigen Sie als Erstes hinauf zur Turmspitze der **Torre dos Clérigos**, oben erwartet Sie ein toller Panoramablick über die Stadt. Danach spazieren Sie über die **Praça da Liberdade** *(siehe S. 74)* zum **Estação de São Bento** *(siehe S. 71)*, um die Azulejos anzusehen. Dann bewundern Sie noch die Azulejos an der Fassade der **Igreja de Santo Ildefonso**, bevor Sie durch die Rua de Santa Catarina zum wunderschönen **Majestic Café** *(siehe S. 76)* bummeln, wo Sie zu Mittag essen.

Nachmittags

Nach dem Mittagessen fahren Sie mit dem Funicular dos Guindais nach Batalha-Guindas und spazieren dann durch die Rua Saraiva de Carvalho zur **Sé do Porto** *(siehe S. 12f)*. Nehmen Sie sich eine gute Stunde Zeit für die Azulejos, den Kirchenschatz, den schönen Blick von der Terrasse auf die Stadt und für die steinerne Spiralsäule Pelourinho. Danach bummeln Sie durch enge Straßen an maroden Wohnhäusern vorbei bergab zum Fluss. Dort genießen Sie beim Bummel auf der autofreien Uferpromenade **Cais da Ribeira** den Blick auf die knallbunten Häuser, die **Ponte Dom Luís I** und die schönen alten Gebäude von Vila Nova de Gaia am anderen Ufer – und an der **Praça da Ribeira** in einem der vielen Cafés einen kalten weißen Portwein als Aperitif. Zum Abschluss gönnen Sie sich ein kulinarisches Erlebnis mit der herausragenden Fusionsküche im **The Yeatman** *(siehe S. 60)*.

Siehe Karte S. 70

Dies & Das

1 Chafariz da Rua Escura

Karte F4 ■ Rua da Pena Ventosa

Ein Pelikan, christliches Symbol der Aufopferung, krönt den bemerkenswerten Trinkwasserbrunnen aus dem 17. Jahrhundert.

2 Igreja de Nossa Senhora da Vitória

Karte F4 ■ Rua de São Bento da Vitória ■ +351 222 007 182 ■ Di–Fr 9–12 & 16–19.30, Sa 9–12 & 14.30–17, So 9–11.30 Uhr

Zwei berühmte Künstler aus Porto, José Teixeira Guimarães und Francisco Pereira Campanhã, gestalteten die Rokoko-Kirche.

3 Miradouro da Rua das Aldas

Karte F4 ■ Rua das Aldas 1

Von dem Aussichtspunkt am Anfang der engen Rua das Aldas hat man einen herrlichen Blick über Ribeiras rote Dächerlandschaft.

4 Capela de Nossa Senhora do Ó

Karte F5 ■ Largo do Terrreiro 9 ■ +351 222 004 486 ■ Öffnungszeiten variieren

Die kleine Barockkirche mit der schlichten grauen Steinfassade stammt aus dem 18. Jahrhundert.

5 Ribeira Negra

Karte F5 ■ Rua da Ribeira Negra

Der moderne Azulejos-Fries am Túnel da Ribeira präsentiert Szenen aus der Alltagsgeschichte der am Wasser ansässigen Menschen.

6 Depósito de Materiais da Fábrica das Devesas

Karte F3 ■ Rua de José Falcão 199 ■ für die Öffentlichkeit geschl.

Pseudoarabische Motive in Erdfarben zieren die Fassade des 1901 erbauten nationalen Monuments.

7 Banco de Materiais

Karte F3 ■ Praça de Carlos Alberto 71 ■ Di–Sa 10–17.30 Uhr

Aufgabe des Azulejos-Ateliers samt Laden ist es, die mit traditionellen Fliesen verzierten Häuser zu retten.

8 Monumento ao Infante Dom Henrique

Karte F5 ■ Jardim do Infante Dom Henrique

Die große Statue Heinrichs des Seefahrers *(siehe S. 39)* steht in einer Grünanlage.

9 Igreja de Santo António dos Congregádos

Karte G4 ■ Rua de Sá da Bandeira 11 ■ tägl. 7.15–18.30 Uhr ■ www.igrejacongregados.com

Die strenge Fassade der Kirche aus dem späten 17. Jahrhundert wird durch stimmungsvolle Azulejos-Bilder aufgelockert.

10 Praça da Liberdade

Karte F4

Auf dem großen Platz am Übergang vom Zentrum in die nördlichen Viertel steht eine imposante Reiterstatue von König Pedro IV, der im 19. Jahrhundert regierte.

Praça da Liberdade

Shopping

1 Passeio dos Clérigos

Karte F4 ■ Rua das Carmelitas 151 ■ Mo–Sa 10–20, So 11–20 Uhr ■ www.passeiodosclerigos.pt

Designerlabels dominieren in der modernen schicken Mall unterhalb der Praça de Lisboa.

2 Livraria Lello

Karte F3 ■ Rua das Carmelitas 144 ■ tägl. 9–19 Uhr ■ Eintritt ■ www.livrarialello.pt

Angeblich ließ sich J. K. Rowling von dieser traumhaften Buchhandlung für ihre Harry-Potter-Bücher inspirieren. Besucher stehen mittlerweile trotz Eintritt Schlange.

3 Mercado Porto Belo

Karte F3 ■ Praça de Carlos Alberto ■ Sa 10–19

Auf diesem Straßenmarkt findet man neben Vintage-Kleidung, Schallplatten und seltenen Briefmarken auch viele Lebensmittelstände, die Bio-Olivenöl, Gemüse und Obst verkaufen.

4 Azulima

Karte E1 ■ Rua do Barão de Forrester 707 ■ Mo–Fr 9–13, 14.30–18.30, Sa 10–12.30 Uhr ■ www.azulima.pt

In dem farbenfrohen Laden hat man die Auswahl zwischen hübschen klassischen und modernen Azulejos und anderen Keramikwaren.

5 Casa da Guitarra

Karte G4 ■ Ave Vímara Peres 72 ■ Mo–Sa 10–13, 14.30–19 Uhr ■ www.casadaguitarra.pt

Musiker und Musikfans pilgern zu diesem Tempel des Instrumentenbaus, in dem auch Fado-Konzerte stattfinden.

6 Rua de Santa Catarina

Karte G3

Die Fußgängerzone Rua de Santa Catarina ist als Portos längste Shoppingmeile ideal zum Schaufensterbummeln und Café-Hopping.

Im Mercado do Bolhão

7 Mercado do Bolhão

Karte G3 ■ Rua Formosa ■ Mo–Fr 8–21, Sa 8–18 Uhr

Der 1914 eröffnete, jüngst umfassend renovierte Markt mit der schmiedeeisernen Galerie zählt zu den stimmungsvollsten der Stadt. Die Stände befinden sich im Erdgeschoss, die Restaurants sind im Obergeschoss untergebracht. Von dort hat man einen schönen Blick über das kunterbunte Treiben.

8 A Pérola do Bolhão

Karte G3 ■ Rua Formosa 279 ■ +351 222 004 009 ■ Mo–Sa 9–19.30 Uhr

In Porto liebt man diesen alteingesessenen Feinkostladen mit der Fliesenfassade. Der Verkaufsraum duftet verführerisch nach Tee und Kaffee, Kräutern und Gewürzen.

9 Arcádia

Karte F4 ■ Rua do Almada 63 ■ +351 222 001 518 ■ Mo–Fr 10–20, Sa 10–19, So 11–19 Uhr ■ www.arcadia.pt

Arcádias Spezialität ist handgefertigtes, mit süßen Gewürzen aromatisiertes Schokoladenkonfekt.

10 Mon Père Vintage

Karte F3 ■ Largo de Alberto Pimentel 38 ■ Mo–Sa 10–19 Uhr ■ www.avidaportuguesa.com

Hier findet man Vintage-Sonnenbrillen, alten Schmuck und Second-Hand-Levi's-Jeans zu sehr vernünftigen Preisen.

Siehe Karte S. 70

Cafés

An der Theke im C'alma

1 C'alma

Karte G3 ■ Rua de Passos Manuel 44 ■ +351 913 704 600

Kaffeefans genießen die entspannte Atmosphäre des C'alma.

2 Café Guarany

Karte F3 ■ Ave dos Aliados 85 ■ www.cafeguarany.com

Das Café ist seit 1933 eine Institution an der Avenida dos Aliados.

3 Café Porta do Olival

Karte F4 ■ Campo dos Mártires da Pátria 126 ■ +351 222 057 129

In Portos – laut den Besitzern – ältestem Café schmecken der gute Kaffee, das kalte Bier und Snacks.

4 Café do Comércio

Karte F5 ■ Rua do Comércio do Porto 124 ■ +351 932 875 330

Frisch gepresste Säfte, Pfannkuchen, Kuchen – ideal zum Brunchen.

5 Majestic Café

Karte G3 ■ Rua de Santa Catarina 112 ■ www.cafemajestic.com

In dem 1921 eröffneten Café glitzern und glänzen Spiegel, poliertes Messing und Holz.

6 SO Coffee Roasters

Karte F3 ■ Rua Sá de Noronha 119 ■ www.soroasters.com

Das angesagte Café überzeugt seine Fans mit selbst geröstetem Mokka, Flat Whites und cooler Atmosphäre.

7 Miss Pavlova

Karte F5 ■ Rua do Infante D. Henrique 43 ■ www.misspavlova.pt

Außer natürlich der Pavlova schmecken hier kleine Gerichte wie Eggs Benedict und Avocado auf Röstbrot.

8 A Sandeira do Porto

Karte F4 ■ Rua dos Caldeireiros 85 ■ +351 223 216 471

Der reizende kleine Laden bietet erstklassige Sandwiches mit frischen Zutaten zu guten Preisen.

9 Café Santiago

Karte G4 ■ Rua de Passos Manuel 226 ■ +351 222 055 797

Angeblich gibt es hier Portos beste *francesinhas*, zu Spitzenzeiten wartet man in einer langen Schlange.

10 Vogue Café

Karte G4 ■ Rua de Avis 10 ■ +351 223 398 550

Das supertrendige Café im Boutique-Hotel Infante Sagres ist in puncto Style kaum zu toppen.

Elegantes Gedeck im Vogue Café

Restaurants

Preiskategorien
Preis für ein Drei-Gänge-Menü pro Person mit einer halben Flasche Wein, inkl. Steuern und Service.

€ unter 30 € €€ 30–50 € €€€ über 50 €

1 Casa da Mariquinhas

Karte F4 ■ Rua de São Sebastião ■ So geschl. ■ www.casadamariquinhas.pt ■ €€€

Das typische portugiesische Fado-Restaurant serviert einheimische Gerichte wie *bacalhau* (Kabeljau).

2 Galeria de Paris

Karte F3 ■ Rua da Galeria de Paris 56 ■ +351 222 016 218 ■ €

Das Restaurant mit Bar, eine Institution in Portos Ausgehviertel, serviert Tapas und *petiscos*.

3 Taberna dos Mercadores

Karte F5 ■ Rua dos Mercadores 36 ■ +351 222 010 510 ■ Mo geschl. ■ €€

In der klassischen Taverne kocht man deftige Klassiker wie *feijoada* (Bohneneintopf mit Schwein).

4 Jimão Tapas e Vinhos

Karte F5 ■ Praça da Ribeira 11 ■ Mo, So geschl. ■ €

Hier schmecken *petiscos*: *bacalhau*, Oktopussalat, Knoblauchgarnelen und gegrillte Sardinen.

5 Da Terra

Karte F4 ■ Rua de Mouzinho da Silveira 249 ■ www.daterra.pt ■ €

Abwechslung von den Klassikern: Das vegetarische Restaurant überzeugt mit seinen vielfältigen modernen Fusionsgerichten.

6 Restaurante Mercearia

Karte F5 ■ Rua Cais da Ribeira 32 ■ www.restaurantemercearia.com ■ €€

Das Mercearia serviert Gerichte wie *tripas à moda do Porto* und eine breite Auswahl von gegrilltem Fisch. Für Stimmung sorgt Live-Gitarrenmusik.

7 Bacalhau

Karte F5 ■ Rua Muro dos Bacalhoeiros 153 ■ +351 960 378 883 ■ €€

Der Name ist auch in diesem Restaurant Programm: Hier wird Kabeljau fantasievoll zubereitet. An den Tischen im Freien hat man einen herrlichen Blick auf den Douro.

8 DOP

Karte F4 ■ Largo de São Domingos 18 ■ So & Mo mittags geschl. ■ www.doprestaurante.pt ■ €€€

Rui Paulas innovative Küche basiert auf kulinarischen Inspirationen seiner Heimat, der Region Minho nördlich von Porto. Kalb-, Lamm- und Kitzfleisch sind aus der Region.

Im Gastraum des DOP

9 Muralha do Rio

Karte F5 ■ Rua Muro dos Bacalhoeiros 145 ■ Mi geschl. ■ €€

Das Ambiente des Restaurants am Douro ist unprätentiös, doch die Küche ist exzellent und dafür erstaunlich preiswert. Die Spezialität ist frisch gegrilltes Seafood.

10 Cantinho do Avillez

Karte F4 ■ Rua de Mouzinho da Silveira 166 ■ www.cantinhodoavillez.pt ■ €€€

Portos Niederlassung im Gastro-Imperium des portugiesischen Starkochs José Avillez serviert verfeinerte Versionen von simplen Gerichten wie geräucherte *farinheira* und *francesinha*.

Siehe Karte S. 70

TOP10 Miragaia & Massarelos

In Miragaia und Massarelos führen die Straßen hinunter zu einer postindustriellen Uferfront, an der man über den Douro bis zum Kai in Gaia blickt. In diesen Stadtteilen liegen Parks, das Museu Nacional Soares dos Reis bewahrt eine der besten Kunstsammlungen der Stadt, und man kann historische Kirchen und Museen zur Technik des 20. Jahrhunderts entdecken. Die Rua Miguel Bombarda ist Hauptstraße eines pulsierenden Kunstquartiers mit Galerien, Vintage- und Antiquitätenläden, angesagten Bars und Cafés.

Abel Salazar, Jardim do Carregal

❶ TOP10-Attraktionen siehe S. 79–81

① Restaurants siehe S. 85

① Dies & Das siehe S. 82

① Bars & Cafés siehe S. 84

① Galerien siehe S. 83

0 Meter 300

1 Jardim do Carregal

Karte E3 ■ Rua de Clemente Menéres 72 ■ ganztägig

Der Park wurde 1897 von dem berühmten Gartenarchitekten Jerónimo Monteiro da Costa angelegt und 2009 umgestaltet. In der Mitte erinnert eine Statue an den Intellektuellen Abel Salazar (1889–1946) aus Porto, der 1935 wegen seiner Kritik an der portugiesischen Diktatur seinen Lehrstuhl an der Universität von Porto verlor.

2 Museu do Carro Eléctrico

Karte C3 ■ Alameda de Basílio Teles 51 ■ Di–So 10–18 Uhr ■ Eintritt ■ www.museudocarroelectrico.pt

Porto ist stolz auf seine Geschichte als erste Stadt der Iberischen Halbinsel mit elektrischen Straßenbahnen. Herzstück dieser historischen Sammlung im alten Stromkraftwerk der Stadt ist die erste Tram, die in Porto in Betrieb genommen wurde (1872). Noch heute fahren Oldtimer-Trams der Sociedade de Transportes Colectivos do Porto (Portos öffentlicher Verkehrsverband) auf einigen Strecken im Stadtzentrum und am Flussufer.

Trams im Museu do Carro Eléctrico

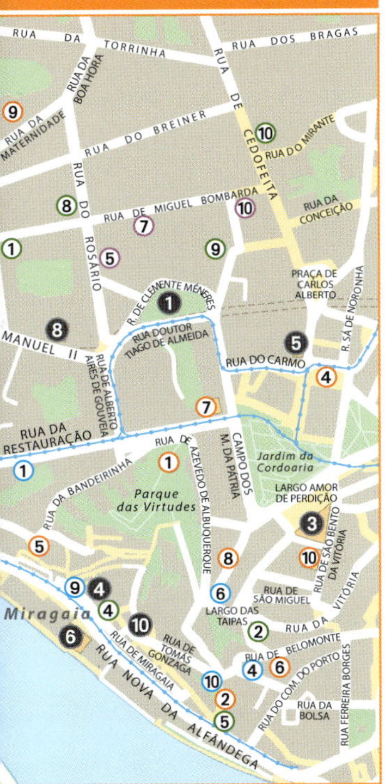

3 Centro Português de Fotografia

Karte F4 ■ Largo Amor de Perdicão ■ Di–Fr 10–18, Sa, So 15–19 Uhr

Die faszinierende Sammlung antiker Kameras aus der Frühzeit der Fotografie wird im Obergeschoss eines ehemaligen Gefängnisses präsentiert. Das Museum zeigt zudem Ausstellungen mit historischen bis avantgardistischen zeitgenössischen Fotografien.

4 World of Discoveries

Karte E4 ■ Rua de Miragaia 106 ■ Di–Fr 10–18, Sa, So 10–19 Uhr ■ Eintritt ■ www.worldofdiscoveries.com

Ein Lieblingsziel von Familien: Das interaktive Museum samt Themenpark zeigt Portugals Zeitalter der Entdeckungen im 15. und 16. Jahrhundert – wenngleich die Schattenseiten tunlichst vertuscht werden. Schauspieler verkörpern Vasco da Gama, Bartolomeu Dias, Heinrich den Seefahrer und andere Berühmtheiten jener Ära. Kindern gefallen besonders die nachgebaute Werft aus dem 16. Jahrhundert und die Bootsfahrt auf dem »tropischen« Indoor-Fluss.

Igreja dos Carmelitas und Igreja do Carmo

5 Igrejas dos Carmelitas e do Carmo

Karte F3 ■ Rua do Carmo ■ Igreja do Carmo: tägl. 9–18 Uhr; Igreja dos Carmelitas: tägl. 10–12.30, 14.30–15, 16.30–17 Uhr

Die Igreja do Carmo (18. Jh.) besitzt eine wunderschöne Azulejos-Fassade und eine prunkvolle Rokoko-Innenausstattung. Die benachbarte Igreja dos Carmelitas wurde weitaus schlichter für den Nonnenorden der Karmelitinnen erbaut. Zwischen beiden Kirchen zwängt sich Portos schmalstes Haus in eine ein Meter enge Gasse.

6 Museu dos Transportes e Comunicações

Karte E4 ■ Rua Nova da Alfândega ■ Di–Fr 10–13 & 14–18, Sa, So 15–19 Uhr ■ Eintritt ■ www.amtc.pt

Vom ersten Auto, das 1895 nach Portugal kam, bis zur gepanzerten Limousine des Diktators António Salazar gibt es hier genug Oldtimer und alte Technik zu bewundern, um einen Regentag unterhaltsam zu verbringen. Kinder sind von den klobigen alten Computern fasziniert, die von heutigen Smartphones Lichtjahre entfernt scheinen.

7 Jardins do Palácio de Cristal

Im Zentrum des terrassierten Parks *(siehe S. 26f)* hoch über dem Douro steht der retro-futuristische Kuppelbau Pavilhão Rosa Mota. Das Betonbauwerk von 1954 erinnert an eine fliegende Untertasse aus einem alten Science-Fiction-Film. Früher stand an dieser Stelle der – damals nicht minder futuristische – Palácio de Cristal. Er wurde 1861 nach dem Vorbild des Londoner Crystal Palace erbaut und für seinen moderneren Nachfolger abgerissen. Im umliegenden Park sorgen frei laufende Pfauen für exotische Farbtupfer.

8 Museu Nacional Soares dos Reis

Das Museum *(siehe S. 32f)* präsentiert profane und sakrale portugiesische und europäische Kunst aus fünf Jahrhunderten. Zu den Höhepunkten der riesigen Sammlung gehören u. a. flämische und holländische Porträtmalereien und Stillleben aus dem 16. und 17. Jahrhundert, sakrale Kunstwerke aus portugiesischen Klöstern, die im 19. Jahrhundert aufgelöst wurden, und die berühmte Skulptur *O Desterrado* von António Soares dos Reis. Zu sehen sind außerdem Gemälde von bekannten naturalistischen und romantischen portugiesischen Malern wie Aurélia de Sousa und António Carneiro sowie in der Abteilung für angewandte Kunst Keramiken und Lackarbeiten aus China und Japan.

9 Cemitério dos Ingleses

Karte E3 ■ Largo da Maternidade de Júlio Dinis 45 ■ +351 226 091 006 ■ tägl. 9–16 Uhr ■ stjamesoporto.org

Zwischen den vielen Grabmälern auf dem protestantischen Friedhof findet man auch den bescheidenen Grabstein von Joseph James Forrester (1809–1862), der für seinen legendären Beitrag zum Portweinhandel zum Baron ernannt wurde. Versteckt hinter hohen Mauern liegt hier die letzte Ruhestätte für viele Persönlichkeiten aus Portos ausländischer Gemeinde. Gleich nebenan steht Portos erste protestantische Kirche. Die Igreja Anglicana von 1818 wurde ohne Kirch- und Glockenturm erbaut und hebt sich mit ihrer schlichten Architektur von Portos katholischen Kirchen mit ihren kunstvollen Fassaden ab.

10 Igreja de São Pedro de Miragaia

Karte E4 ■ Largo de São Pedro de Miragaia ■ Di–Sa 15.30–19, So 10–11.30 Uhr

Die erste Kirche an dieser Stelle wurde für Miragaias Fischer erbaut und deren Schutzpatron Petrus geweiht. In den 1730er Jahren entstand dieser opulente neue Bau, dessen üppige vergoldete Holzschnitzereien Elemente von Barock und Rokoko vereinen.

Igreja de São Pedro de Miragaia

Spaziergang

Vormittags

In der Rua Nova da Alfândega fahren Sie mit der Oldtimer-Tram Linha 1 bis zu den **Escadas do Caminho Novo** *(siehe S. 82)*. Auf den steilen Treppen steigen Sie hinauf zu einem der letzten verbliebenen Abschnitte von Portos ältester Stadtmauer. Danach spazieren Sie in der Rua Tomás Gonzaga zur **Igreja de São Pedro de Miragaia**, wo Sie sich die Fassade und das goldene Dekor im Inneren anschauen. Weiter geht es über die Rua das Taipas zum **Centro Português de Fotografia** *(siehe S. 79)*, das historische und zeitgenössische Fotos und alte Kameras aus Holz und Messing präsentiert. Danach schmeckt ein vollwertiges Mittagessen im **Hungry Biker** *(siehe S. 84)*.

Nachmittags

Durch den **Parque das Virtudes** *(siehe S. 82)* bummeln Sie zum Largo do Viriato und die Rua Alberto Aires de Gouveia hinauf (oder mit der Tram 18) zum **Museu Nacional Soares dos Reis** *(siehe S. 80)*. Dort lassen Sie sich von der herausragenden Sammlung mit Gold- und Silberarbeiten, asiatischem Kunsthandwerk und Gemälden von portugiesischen Romantikern faszinieren. Danach schlendern Sie nach Norden zur **Rua de Miguel Bombarda**, wo Sie schicke Kunstgalerien und Streetart erwarten. Durch die **Jardins do Palácio de Cristal** *(siehe S. 80)* spazieren Sie zum Restaurant **Papavinhos** *(siehe S. 85)*, um sich mit einem deftigen portugiesischen Abendessen mit tollem Ausblick zu stärken.

Siehe Karte S. 78f

Dies & Das

Blick vom Miradouro das Virtudes

1 Parque das Virtudes

Karte E4 ■ Parque das Virtudes

Vom *miradouro* (Aussichtspunkt) am Parque das Virtudes hat man einen herrlichen Blick auf Porto.

2 Escadas do Caminho Novo

Karte E5 ■ zwischen Rua Nova da Alfândega und de Rua Tomás Gonzaga

Parallel zur steilen Treppe zum Palácio de São João Novo verläuft ein 100 Meter langer Abschnitt der Muralha Fernandina *(siehe S. 55)*.

3 Planetário do Porto

Karte B3 ■ Rua das Estrelas ■ Mo–Fr 9–17.30, Sa 14–17.30 Uhr ■ Eintritt ■ www.planetario.up.pt

Portos Planetarium entführt auf eine virtuelle Reise in den Weltraum.

4 Fonte dos Leões

Karte F3 ■ Praça de Gomes Teixeira

Geflügelte Löwen umgeben den 1886 von einer französischen Firma für die städtische Wasserversorgung installierten Brunnen.

5 Bandeirinha da Saúde

Karte E4 ■ Rua da Bandeirinha 24

Der Granitobelisk an der Ecke zu den Escadas das Sereias markierte die Quarantänezone. Innerhalb der Zone durften während der Pest Schiffe nicht anlegen.

6 Museu das Marionetas

Karte F4 ■ Rua de Belomonte 61 ■ Mi–Fr 14–18, Sa, So 11–13, 14–18 Uhr ■ Eintritt ■ www.marionetasdoporto.pt

Hier dreht sich alles um Marionetten und Marionettentheater. Das Museum zeigt neben der Puppensammlung auch Aufführungen in seinem Theater.

7 Museu do Centro Hospitalar

Karte E4 ■ Largo do Prof Abel Salazar ■ Mo–Fr 9–17 Uhr ■ Eintritt ■ www.museu.chporto.pt

In dem kleinen, aber feinen Museum sind ein historisches Apothekerlabor und eine Apotheke nachgebaut.

8 Casa de Almeida Garrett

Karte E4 ■ Rua do Dr Barbosa de Castro 39 ■ für die Öffentlichkeit geschl.

In dem Stadthaus wurde der Dichter Almeida Garrett *(siehe S. 39)* geboren und lebte darin bis 1804. Nachdem es 2019 ausbrannte, ist die Zukunft des Hauses ungewiss.

9 Palacete Pinto Leite

Karte E3 ■ Rua da Maternidade 13 ■ für die Öffentlichkeit geschl.

Das neopalladianische Stadthaus wurde Mitte des 19. Jahrhunderts für die Adelsfamilie Pinto Leite erbaut und ist heute Sitz von Portos Musikkonservatorium.

10 Igreja e Mosteiro de São Bento da Vitória

Karte F4 ■ Rua de São Bento da Vitória 45 ■ Führungen Mo–Sa 10.30 & 12.30 Uhr ■ Eintritt

Das ehemalige Kloster wurde 1608 gegründet und wird heute für Aufführungen des Teatro Nacional São João genutzt.

Galerien

1 Espaço Q/QuadraSoltas

Karte E3 ■ Rua de Tânger 1281 ■ +351 226 001 007 ■ Di–Sa 15.30–19 Uhr

Von Comics und Streetart inspirierte farbenfrohe Arbeiten sind typisch für die nichtkommerzielle Galerie.

2 Galeria Municipal do Porto

Karte D3 ■ Jardins do Palácio de Cristal ■ Di–Sa 10–18 Uhr

Portos engagierte städtische Kunstgalerie zeigt immer wieder neue, aufregende Wechselausstellungen. Ein Teil der Arbeiten wird im Garten präsentiert.

3 Galeria Presença

Karte E3 ■ Rua de Miguel Bombarda 570 ■ Di–Sa 10–12.30 & 15–19 Uhr ■ www.galeriapresenca.pt

Die international bekannte Galerie ist auf experimentierfreudige, aber dennoch eingängige Arbeiten zeitgenössischer Grafikkünstler spezialisiert.

4 Vantag Galeria

Karte D3 ■ Rua Calouste Gulbenkian 223 ■ Mo–Fr 9.30–18.30 Uhr

Der Fokus von Vantag liegt auf modernen portugiesischen und internationalen Malern und Bildhauern.

5 Galeria Artes Solar Santo António

Karte E3 ■ Rua do Rosário 84 ■ Di–Fr 10.30–14 & 15–19.30, Sa 11–14 & 15–20 Uhr

Die elegante moderne Galerie präsentiert sowohl junge Talente als auch etablierte moderne Künstler aus Portugal und anderen Ländern.

6 Kubikgallery

Karte D4 ■ Rua da Restauração 6 ■ Di–Sa 15–19 Uhr ■ www.kubikgallery.com

Die Kubikgallery hat sich in kürzester Zeit zu einer führenden Galerie für Konzeptkunst junger portugiesischer Künstler entwickelt. Die Arbeiten werden in einem völlig weißen Ambiente präsentiert.

7 Ap'arte Galeria de Arte

Karte E3 ■ Rua de Miguel Bombarda 221 ■ Mo–Fr 11–14, 14.30–19 Uhr ■ www.apartegaleria.com

Ap'arte wurde von einem Team junger Kuratoren gegründet und widmet sich neuesten Trends in Malerei, Fotografie und Bildhauerei.

8 Galeria Fernando Santos

Karte E3 ■ Rua de Miguel Bombarda 526 ■ Mo–Fr 10–12.30 & 15–19, Sa 15–19 Uhr ■ www.galeriafernandosantos.com

Die 1993 eröffnete Galerie leistete Pionierarbeit für Portos Kunstszene. Sie vertritt zeitgenössische Künstler.

9 Galeria Quadrado Azul

Karte E3 ■ Rue de Miguel Bombarda 553 ■ Di–Sa 13–20 Uhr ■ www.quadradoazul.pt

Seit ihrer Gründung 1986 ist die Galerie für Überraschungen gut. Der Schwerpunkt des renommierten Hauses liegt auf zeitgenössischer Avantgarde-Kunst.

Ausstellung in der Ó! Galeria

10 Ó! Galeria

Karte E3 ■ Rua de Miguel Bombarda 61 ■ Mo–Sa 13–19 Uhr ■ www.ogaleria.com

Ema Ribeiros farbenfrohe Galerie ist auf Arbeiten internationaler Illustratoren und Grafikkünstler aus dem 21. Jahrhundert spezialisiert.

Siehe Karte S. 78f

Bars & Cafés

1 Rota do Chá
Karte E3 ■ Rua de Miguel Bombarda 457 ■ So geschl.

Der ein wenig versteckt gelegene Teegarten serviert Tees aus aller Welt – perfekt nach einem Galeriebummel.

2 Hungry Biker
Karte F4 ■ Rua das Taipas 68/72

Das angesagte Lokal ist auf nachhaltige Bio-Küche spezialisiert. Zu den Favoriten des Hauses gehören z. B. Vollkorntoast mit Avocado und Bio-Smoothies.

3 Confeitaria Portilho
Karte D4 ■ Alameda de Basílio Teles 11A ■ So geschl.

Das nette kleine Café punktet mit fabelhaften *pastéis de nata* und frisch gebrühtem Kaffee.

4 Armazém
Karte E4 ■ Rua de Miragaia 93

Das Armazém ist gleichzeitig eine Bar, ein Laden, eine Galerie und eine Eventlocation. Tagsüber trinkt man hier Tee, abends einen Gin Tonic.

5 Mirajazz
Karte E5 ■ Escadas do Camiho Novo

Wer Livemusik – vor allem Jazz, aber auch andere Genres – zu allerbester Aussicht mag, für den ist das Mirajazz ideal. Gespielt wird immer samstags abends von 6 bis 20 Uhr.

6 Miradouro Ignez
Karte D4 ■ Rua da Restauração 252

Mit perfekter Sicht auf den Douro bietet diese Bar alles, was man braucht, um den Sonnenuntergang in netter Gesellschaft zu erleben.

7 Pixote Karaoke Bar
Karte D2 ■ Loja 4, Rua do Campo Alegre 241 ■ tägl. ab 23 Uhr

Riesenspaß für aufgekratzte Nachteulen: freundlicher Service, preiswerte Drinks und lange geöffnet.

8 Quintal Bioshop
Karte E3 ■ Rua do Rosario 177 ■ So geschl.

Vegetarier und Veganer lieben das Café wegen seiner Säfte, gluten- und fleischfreien Suppen und Burger.

9 Capela Incomum
Karte E3 ■ 79–81 Travessa do Carregal 77 ■ So geschl.

In den stimmungsvollen Steingewölben einer Kapelle aus dem 16. Jahrhundert genießt man entspannt Wein aus den Regionen Douro, Minho und Dao.

10 Catraio Craft Beer
Karte F3 ■ Rua de Cedofeita 256 ■ So, Di geschl.

Portos erste Craft-Bierbar mit Biergarten und Terrasse zeigt, dass in Portugal hervorragendes Bier gebraut wird.

Blick vom Dach des Mirajazz auf den Sonnenuntergang über Porto

Restaurants

Preiskategorien
Preis für ein Drei-Gänge-Menü pro Person mit einer halben Flasche Wein, inkl. Steuern und Service.

€ unter 30 € €€ 30–50 € €€€ über 50 €

Frühstücksbuffet bei Digby

1 Digby

Karte E4 ▪ Rua da Restauração 336 ▪ €€

Das Restaurant eines stylishen Boutique-Hotels bietet eine kleine Auswahl. Die Gerichte sind exzellent und ihren Preis mehr als wert.

2 Taberna do Cais das Pedras

Karte D4 ▪ Rua de Monchique 65/68 ▪ Mo geschl. ▪ €€

Das Dekor im Stil der 1970er Jahre passt perfekt zur angebotenen Küche. Spezialitäten sind *alheira*-Räucherwürste, Hühnermägen und natürlich *bacalhau*.

3 Antiqvvm

Karte D3 ▪ Rua de Entrequintas 220 ▪ Mo, So geschl. ▪ €€€

Ein kulinarisches Erlebnis: Das Sternerestaurant zelebriert mit einem hinreißenden Menü portugiesische Produkte.

Köstliches Gericht

4 O Fado

Karte F4 ▪ Rua de São João Novo 16 ▪ Mo–Sa nur abends ▪ €

Wer einen genüsslichen Fado-Abend erleben möchte, ist in diesem Restaurant genau richtig. Die Küche bietet gegrillte Meeresfrüchte, Fisch und Fleisch. Hauptattraktion ist jedoch die Musik.

5 Papavinhos

Karte D4 ▪ Rua de Monchique 23 ▪ Mo geschl. ▪ €€

Schnörkellose, modern variierte traditionelle Küche wird in diesem Restaurant zelebriert. Die tolle Aussicht gibt es gratis dazu.

6 Taberna Santo António

Karte E4 ▪ Rua das Virtudes 32 ▪ So abends, Mo geschl. ▪ €

Das authentische, etwas altmodische Lokal beschränkt seine Auswahl auf vier gegrillte Fleisch- oder Fischgerichte.

7 Restaurante O Caseirinho

Karte D4 ▪ Cais das Pedras 40 ▪ So geschl. ▪ €€

Einheimische mögen dieses Restaurant wegen seiner traditionellen Küche. Hier kann man z. B. Portos Spezialität *tripas à moda do Porto* probieren.

8 Capa no Rio

Karte C3 ▪ Alameda de Basílio Teles 24 ▪ So geschl. ▪ €€

Hier schmeckt portugiesische Hausmacherkost mit *francesinhas*, *alheiras*, gegrilltem Fleisch und Fisch.

9 Alfândega Douro

Karte E4 ▪ Rua de Miragaia 106 ▪ Mo geschl. ▪ €

Ideal zum Mittagessen: Man kann u. a. aus sechs *francesinha*-Arten wählen.

10 Intrigo

Karte E4 ▪ Rua de Tomás Gonzaga ▪ €€

Wundervolle Backwaren! Das hausgemachte Brot wird mit pikantem wohlschmeckendem Kabeljau, geräucherter Wurst, Rind- und Schweinefleisch belegt.

Siehe Karte S. 78f

TOP 10 Boavista

Skulptur im Jardim Botânico do Porto

Die von Bürogebäuden, Hotels und Wohnblocks gesäumte Avenida da Boavista ist Hauptverkehrsader dieses modernen Stadtteils. Sie führt von der Praça da República nach Westen zur Praça de Mouzinho de Albuquerque. Im Süden reihen sich teure Boutiquen an breiten grünen Alleen, im Parque de Serralves locken Art-déco-Architektur und ein Museum für moderne Kunst. In den angesagtesten Restaurants und Bars lassen es sich mit Vorliebe wohlhabende Portugiesen gut gehen.

1 Serralves

Serralves ist nicht nur reich an moderner Kunst und Architektur, sondern verfügt auch über eine schöne Parkanlage *(siehe S. 28–31)*. Den Mittelpunkt bildet die auffällige Art-déco-Villa, die der französische Architekt Charles Siclis für den damaligen Besitzer Graf Carlos Alberto Cabral erbaute. Mit ihrem rosafarbenen Anstrich und ihren runden Formen könnte sie auch in Miami Beach stehen. Nicht weit entfernt zeigt das Museu de Serralves in

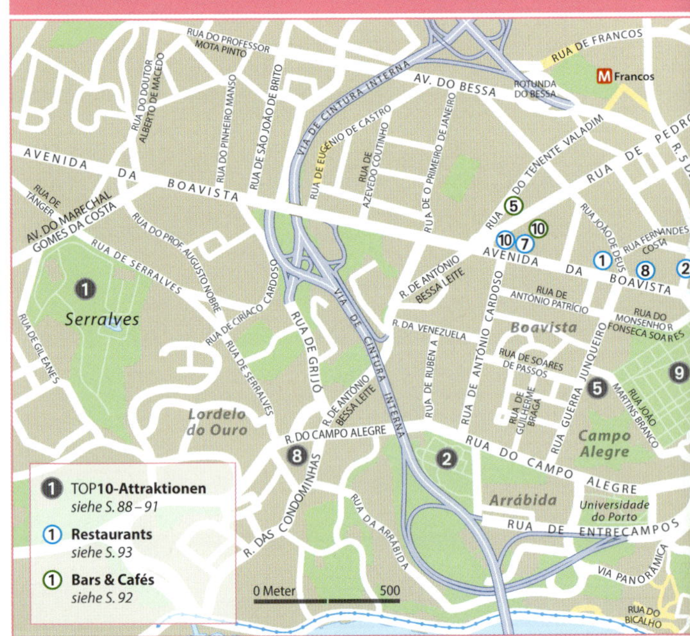

Vorhergehende Doppelseite Blick durch eine gewellte Glaswand in der Casa da Música

einem minimalistischen Bauwerk eine ständige Ausstellung sowie Wechselausstellungen moderner Kunst.

Jardim Botânico do Porto

Karte B2 ■ Rua do Campo Alegre 1191 ■ tägl. 9–18 Uhr (Apr–Okt: bis 19 Uhr) ■ https://mhnc.up.pt

Im Botanischen Garten kann man wunderbar eine Auszeit vom Trubel der Stadt nehmen. In der grünen Anlage auf dem Gelände wachsen einheimische und exotische Bäume, Sträucher und Blumen, in beheizten Glashäusern Pflanzen aus Subtropen und Wüsten.

Casa da Música

Das futuristische Gebäude *(siehe S. 24f)* im Herzen von Boavista ist Sitz des Orquestra Sinfónica do Porto und die erste Adresse der Stadt für Klassik, Oper, Jazz und zeitgenössische Musik. 1300 Zuhörer passen in den großen Konzertsaal, in dem Gastensembles aus der ganzen Welt auftreten. Das Gebäude wurde vom niederländischen Architekten Rem Koolhaas entworfen und 2005 eröffnet. Die speziell angefertigten Azulejos im VIP-Raum sind eine Hommage an die Blütezeit der typisch portugiesischen Fliesen im 16. Jahrhundert und an die Künstler, die sie schufen.

Glaswände in der Casa da Música

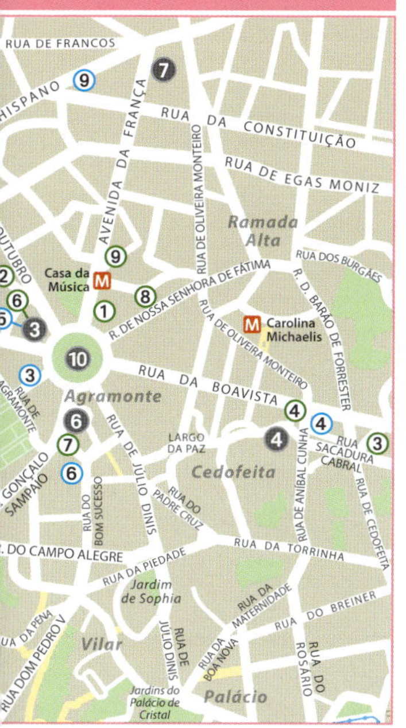

Igreja de São Martinho de Cedofeita

Karte E2 ■ Largo do Priorado ■ +351 222 000 635 ■ Di–Fr 16–19, Sa, So während der Messen

Die schlichte Kirche ist zwar weitaus weniger opulent als die großen Gotteshäuser in der Altstadt, fasziniert aber mit ihrer Mischung aus alten und modernen Stilen. Eine Kirche stand an dieser Stelle erwiesenermaßen bereits im 9. Jahrhundert. Sie wurde Ende des 11. Jahrhunderts durch eine massive romanische Kirche ersetzt, deren Kuppel erhalten blieb. Nachdem ein Feuer 2017 die Taufkapelle und das Schiff zerstört hatte, wurden sie etwas schmucklos, aber hell und in einem luftigen modernen Stil wiederaufgebaut und in das Originalgebäude integriert.

5 Sinagoga Kadoorie Mekor Haim & Jüdisches Museum

Karte C2 ■ Rua de Guerra Junqueiro 328/340 ■ Synagoge: nur Führungen mit Anmeldung; Museum: So–Fr 9.30–12.30 & 14.30–17.30 Uhr ■ Eintritt ■ www.comunidade-israelita-porto.org; www.mjporto.com

Das kleine Museum erzählt die Geschichte von Portos jüdischer Gemeinde. Es gehört zur 1938 geweihten Synagoge, der größten der Iberischen Halbinsel. Sie ist das Lebenswerk Artur Carlos de Barros Bastos. Der portugiesische Militäroffizier mit jüdischen Wurzeln konvertierte zum Judentum und trieb die Mittel für den Bau auf.

6 Mercado Bom Sucesso

Karte D2 ■ Praça do Bom Sucesso 3 ■ Markt: Mo–Do, So 8–23, Fr, Sa 8–24 Uhr; Restaurants und Bars: tägl. 11–23 Uhr ■ www.mercadobomsucesso.pt

Im Food Court des schicken Komplexes bekommt man das beste Gourmet-Streetfood mit Snacks aus Porto und der ganzen Welt. In dem einstigen reinen Lebensmittelmarkt aus den 1940er Jahren gibt es heute Stände mit Fisch, Obst und Gemüse, Wurst, Käse sowie vielen anderen regionalen Produkten.

7 Igreja Paroquial do Carvalhido

Karte K1 ■ Praça do Exercito Libertador 52 ■ +351 964 428 375 ■ tägl.

Die Pfarrkirche des reizenden, wenig besuchten Viertels Carvalhido steht unauffällig an einer Straßenecke, ist mit ihrer von zwei Türmen eingerahmten Azulejos-Fassade jedoch bildschön.

8 Igreja de São Martinho de Lordelo

Karte A2 ■ Rua das Condominhas 739 ■ +351 226 170 671 ■ tägl.

Die schlichte Kirche wurde ab 1764 am Standort einer kleineren Kapelle aus dem 13. Jahrhundert erbaut. Der linke Turm wurde erst 1867 fertiggestellt, die Azulejos im unteren Teil der Wände des klassizistischen Innenraums stammen von 1888.

9 Cemitério de Agramonte

Karte C2 ■ Rua de Agramonte ■ tägl. 8.30–17 Uhr

Aufwendige Mausoleen zeugen vom unglaublichen Reichtum – manche halten es auch für Eitelkeit – von Portos Eliten im 19. Jahrhundert. Einige dieser kunstvollen Grabstätten schuf António Soares dos Reis *(siehe S. 32f)*, der führende Bildhauer jener Zeit, als Auftragsarbeiten. Im

Imbissstände im beliebten Mercado Bom Sucesso

Auf dem Cemetério de Agramonte

Gegensatz zu den Grabmälern der Wohlhabenden wurden die Särge der weniger gut Betuchten in der städtischen Katakombe Jazigo Municipal beim Haupteingang wie in einem Lagerhaus aufeinandergestapelt.

Rotunda da Boavista

Karte D1 ■ Praça Mouzinho de Albuquerque

Der offziell nach dem portugiesischen Offizier Joaquim Augusto Mouzinho de Albuquerque (1855–1902) benannte Platz wird von den Einheimischen einfach Rotunda da Boavista genannt – weil er rund ist und weil hier die gleichnamige Allee beginnt. Der Platz ist ein beliebter Treffpunkt des Viertels. In einer Grünanlage steht eine Triumphsäule, auf der ein mächtiger Löwe einen Adler besiegt. Die Figuren symbolisieren den Sieg Großbritanniens und Portugals über die französischen Invasionstruppen in den Napoleonischen Kriegen auf der Iberischen Halbinsel (1808–14). Für die 45 Meter hohe Säule brauchten der berühmte Architekt João Joaquim Marques da Silva Oliveira aus Porto und der portugiesische Bildhauer Alves de Sousa 42 Jahre.

Spaziergang

Vormittags

Auf einer einstündigen Führung durch die **Casa da Música** *(siehe S. 24f)* erfahren Sie Wissenswertes über die Architektur, die für den Innenausbau verwendeten Techniken und die exzellente Akustik des Konzertsaals. Ein Highlight sind die Azulejos im VIP-Raum. Nach einem Kaffee mit Aussicht über die Stadt in der Bar der Casa da Música *(siehe S. 92)* spazieren Sie hinunter zum **Mercado Bom Sucesso**, bewundern die Obst- und Gemüsestapel und die glitzernden Auslagen mit Fisch und Meeresfrüchten. Anschließend lassen Sie sich im Food Court Gourmet-*petiscos*, Sushi, Salate, Sandwiches und dazu Vinho Verde *(siehe S. 63)* schmecken.

Nachmittags

Weiter geht es nach **Serralves** *(siehe S. 28–31)*. Dort verbringen Sie einige Stunden im grünen Park der Anlage, bewundern die Art-déco-Schönheit der Casa de Serralves und die modernen Skulpturen auf dem Gelände, z. B. *Fio de Nylon* von Fernanda Gomes und Oldenburgs und van Bruggens witzigen *Plantoir*, eine überdimensionale knallrote Gartenschaufel. Abends essen Sie in einem der vielen Lokale an der **Avenida da Boavista**. Die breite Auswahl reicht von typischen Grilllokalen bis zu topmodernen Restaurants. Für Fleischfans ist die **Churrasqueira São Francisco** *(siehe S. 93)* genau richtig. Danach lassen Sie den Tag in der **New Yorker Bar** *(siehe S. 92)* entspannt ausklingen.

Siehe Karte S. 88f

Bars & Cafés

1 Boémia Caffé

Karte D1 ■ Ave de França 32 ■ +351 226 099 816 ■ So geschl.

In diesem Café stehen frische Obstsalate, Mousse au Chocolat, heiße Schokolade sowie zehn verschiedene Teesorten (u. a. Kräutertees) zur Auswahl.

2 The Dog

Karte D1 ■ Rua de 5 de Outobro 213 ■ +351 220 144 433 ■ Mo–Sa 12–23 Uhr

Cachorros (Welpen) – mit Wurst und geschmolzenem Käse gefüllte Baguettes – sind Spezialität des Cafés.

Bistro und Weinbar Arco-da-Velha

3 Arco-da-Velha

Karte E2 ■ Travessa da Figueirôa 52 ■ +351 933 681 474 ■ Mo, So geschl.

Die preiswerte und sehr beliebte Weinbar mit Bistro bietet eine lange Weinkarte und dazu verschiedene köstliche *petiscos* sowie Käse- und Wurstplatten.

4 Casa Pardal

Karte E2 ■ Rua da Boavista 655 ■ +351 222 083 166

Pardal hat sich auf Kuchen aus der Stadt Amarante spezialisiert: *bolo de bolacha* (Biskuitkuchen) und *pudim do santo*.

5 New Yorker Bar

Karte B1 ■ Sheraton Porto Hotel, Rue do Tenente Valadim 146 ■ +351 220 404 000

Die Hotelbar verwöhnt mit ausgezeichneten Weinen, Craft-Bieren und Snacks. Die Gäste sitzen im Sommer auf der schönen Gartenterrasse, bei schlechtem Wetter in der Lounge.

6 Casa da Música

Karte D1 ■ Casa da Música, Ave da Boavista 604 ■ +351 220 120 220

In der Bar mit Dachterrasse im Obergeschoss des ultramodernen Konzertgebäudes ist es abends am stimmungsvollsten: Bei Sonnenuntergang ist die Aussicht geradezu unschlagbar.

7 Arcádia

Karte D2 ■ Praça do Bom Sucesso 18 ■ tägl. 8–23 Uhr

Der Schokoladenladen bietet nicht nur süße Leckereien wie Trüffel und mit Erdnussbutter gefüllte Pralinen, sondern auch exzellente Eiscreme und köstliche heiße Schokolade.

8 Bar Labirintho

Karte D2 ■ Rua de Nossa Senhora de Fátima 334 ■ +351 919 701 490

Die Bar samt Kunstzentrum ist tatsächlich ein mehrstöckiges Labyrinth aus individuell gestalteten Räumen. Vor allem im Sommer lockt der schöne Innenhof.

9 Ponto 2

Karte D1 ■ Ave da França 202 ■ +351 912 018 669 ■ So geschl.

Der Duft nach frischem Gebäck schwebt durch das schicke Café. Zur Auswahl stehen auch süße und pikante Sandwiches.

10 Taberna do Zé

Karte B1 ■ Ave da Boavista 1430 ■ +351 914 412 233 ■ Di–Sa 22–6 Uhr

In einer der ältesten *tascas* Portos gibt es die ganze Nacht Kalbsrücken-*pregos* (Sandwiches) und Wein.

Restaurants

Preiskategorien
Preis für ein Drei-Gänge-Menü pro Person mit einer halben Flasche Wein, inkl. Steuern und Service.

€ unter 30 € €€ 30 – 50 € €€€ über 50 €

1 Churrasqueira São Francisco

Karte C2 ■ Ave da Boavista 1044 ■ +351 226 007 367 ■ Mo geschl. ■ €

Für Fleischfans ist das Restaurant einfach wunderbar. Der Fokus liegt auf Gegrilltem: Hühnchen, Schwein, gemischte Platten.

2 Rosa do Porto

Karte C1 ■ Rua 15 de Novembro 23 ■ +351 222 421 209 ■ So geschl. ■ €

Hier kocht man traditionell und serviert Klassiker wie *bolinhos de bacalhau* (Kabeljaubällchen) und *caldo verde* (Gemüsesuppe).

3 Grelhador da Boavista

Karte D1 ■ Rua da Meditação 39 ■ +351 226 091 440 ■ €

Gegrilltes Schweinefleisch, *alheira*, Tintenfisch und Garnelen sind die Spezialitäten des unprätentiösen und preiswerten Lokals.

4 Restaurante Universal

Karte E2 ■ Rua de Aníbal Cunha 252 ■ +351 962 818 424 ■ So geschl. ■ €

Das schlichte Restaurant ist bekannt für sättigende *francesinhas* und große Portionen.

5 Restaurante Casa da Música

Karte D1 ■ Ave da Boavista 604 ■ +351 220 107 160 ■ So geschl. ■ €€

Das helle moderne Restaurant der Casa da Música serviert zeitgenössische Küche.

6 Casa Agrícola

Karte D2 ■ Rua do Bom Sucesso 361 ■ +351 226 053 350 ■ €€

Weiße Tischdecken, funkelnde Gläser und poliertes dunkles Holz bilden das passende Ambiente für die feine portugiesische Küche. Das gehobene Restaurant serviert u. a. exzellentes Seafood, z. B. Seeteufel-Tournedos, gegrillten Oktopus und flambierte Riesengarnelen.

Fassade der Casa Agrícola

7 Mendi

Karte B1 ■ Ave da Boavista 1430 ■ +351 226 091 200 ■ Mo, So geschl. ■ €

Fleisch- und Gemüsepakoras, Tandoori- und Kebabgerichte dominieren die Karte in diesem vegetarierfreundlichen südasiatischen Lokal.

8 Em Carne Viva

Karte C1 ■ Ave da Boavista 868 ■ +351 932 352 722 ■ So geschl. ■ €€

Die fleischfreie Gourmetküche ist ein Segen für Vegetarier in einer Stadt (und einem Land), in der sie bisweilen wenig Auswahl haben.

9 Restaurante Essência

Karte K1 ■ Rua de Pedro Hispano 1190 ■ +351 228 301 813 ■ Mo, So geschl. ■ €

Das schicke moderne Essência bietet eine breite Palette von Gerichten – von fleischfreien Currys über gebackenen Kabeljau bis zu Garnelenrisotto.

10 Somos Restaurante & Lounge

Karte B1 ■ Ave da Boavista 1466 ■ +351 226 072 552 ■ €€€

Zu den Fleischgerichten des eleganten modernen Restaurants gehören Steaks und Entrecôtes von seltenen portugiesischen Rinderrassen.

Siehe Karte S. 88f

TOP 10 Vila Nova de Gaia

Vila Nova de Gaias Uferpromenade liegt gleich gegenüber von Porto am Südufer des Douro und ist vom Zentrum aus leicht zu Fuß zu erreichen: Entweder spaziert man über die Ponte Dom Luís I oder setzt am Cais da Estiva mit der Shuttle-Fähre zu den historischen Weinkellern und Aussichtspunkten am anderen Ufer über. Vila Nova ist wie Porto eine uralte Siedlung, auch wenn von den Anfängen kaum etwas erhalten ist. Im Weinhandel mit England spielte Vila Nova im 18. Jahrhundert aufgrund seiner günstigen Lage am Wasser eine Schlüsselrolle.

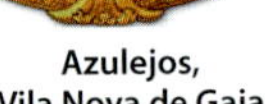

Azulejos, Vila Nova de Gaia

① Cais de Gaia

Karte F5

An der schönen Uferpromenade kann man bei einem Spaziergang und in den vielen Bars und Cafés die Aussicht genießen. Hier sieht man auch traditionelle *barcos rabelos* liegen. Auf den Barken mit Lateinersegel wurde früher der Portwein von den Weinbergen am Douro flussabwärts zu den Kellereien in Vila Nova de Gaia transportiert. Von dort wurde er dann nach Großbritannien und in die ganze Welt exportiert.

Kirchenschiff der Igreja de Santa Marinha

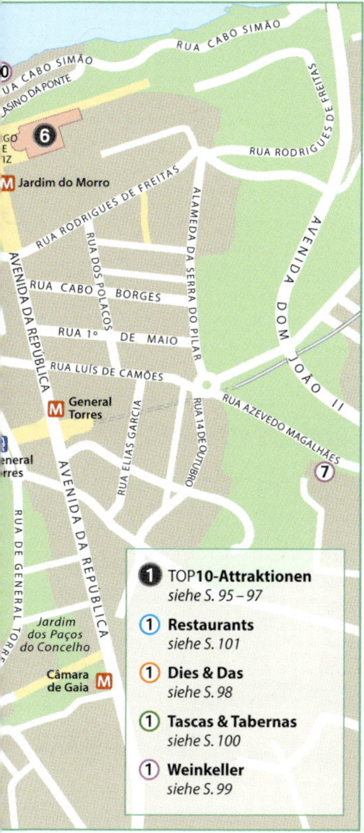

② Igreja de Santa Marinha

Karte F6 ■ Largo de Santa Marinha ■ +351 223 795 385 ■ Zeiten variieren

Nicolau Nasoni, Architekt von vielen Kirchen in Porto, schuf 1745 auch diese hübsche kleine Barockkirche als Nachfolgerin einer Kapelle aus dem 14. Jahrhundert. Bei der Umgestaltung wurden der Altar und die Altarbilder der ursprünglichen Kirche bewahrt, die Azulejos ließ Nasoni jedoch hinzufügen.

③ Jardim do Morro

Karte G5 ■ Ave da República

Der kleine Park erstreckt sich auf einem Hügel an der oberen Station der Seilbahn und gegenüber dem Mosteiro da Serra do Pilar. Der Blick von hier auf die Ponte Dom Luís I ist umwerfend. Im Park spaziert man unter Palmen, in denen Grünsittiche fröhlich krakeelen.

④ Convento de Corpus Christi

Karte F6 ■ Largo de Aljubarrota 13 ■ +351 223 742 262 ■ Di–So 10–18 Uhr

Das ehemalige Dominikanerinnenkloster wurde 1345 von der reichen Adeligen Dona Maria Mendes Petite gegründet. Besonders sehenswert ist seine überkuppelte achteckige Kapelle mit den vier Seitenaltären und der kunstvollen Kassettendecke, die Bilder von Heiligen und wichtigen Persönlichkeiten des Ordens zieren. Der 1940 erbaute Westflügel ist Sitz der Stiftung Fra' Manuel Pinto da Fonseca, die zum Souveränen Malteserorden gehört.

Gondel der Seilbahn Teleférico de Gaia

5 Teleférico de Gaia

Karte F5 ■ Cais de Gaia ■ März, Apr, Okt: tägl. 10–19 Uhr; Mai–Sep: tägl. 10–20 Uhr; Nov–Feb: tägl. 10–18 Uhr ■ Eintritt ■ www.gaiacablecar.com

In den Seilbahngondeln hat man einen großartigen Blick auf die Stadt und den Fluss. Die Fahrt von Cais de Gaia hinauf zur oberen Station Jardim de Morro nahe dem Oberdeck der Ponte Dom Luís I dauert fünf Minuten.

6 Mosteiro da Serra do Pilar

Das Augustinerkloster wurde im 16. Jahrhundert gegründet. Sein Bau dauerte mehr als 70 Jahre. In der Schlacht um Porto 1809 diente es sowohl britischen als auch französischen Truppen als Kaserne. Hier wurde Porto von Truppen der Liberalen belagert. Noch heute wird es als ein militärisches Hauptquartier genutzt, dennoch kann es besichtigt werden. Die ungewöhnliche runde Klosterkirche ist ein unverwechselbares Wahrzeichen von Vila Nova de Gaia. Die Teilnahme an einer der täglichen Führungen lohnt auch wegen der großartigen Aussicht auf den Douro, die Kais und die Ponte Dom Luís I.

7 Casa-Museu Teixeira Lopes

Karte L2 ■ Rua de Teixeira Lopes 32 ■ +351 223 742 904 ■ Di–So 9–12.30, 14–17.30 Uhr ■ Eintritt

Im einstigen Wohnhaus des Architekten José Teixeira Lopes (1872–1919) erhält man einen Eindruck vom Lebensstil der portugiesischen Oberschicht im 19. Jahrhundert. Zu sehen ist auch die beeindruckende Skulpturensammlung des Bruders des Architekten, António Teixeira Lopes.

8 Reserva Natural Local do Estuário do Douro

Karte K2 ■ Ave Deoceliano Monteiro ■ www.parquebiologico.pt

Hoch über dem 20 Hektar großen Naturschutzgebiet segeln Fischadler am Himmel. Silberreiher und Löffler waten im flachen Wasser, über das Eisvögel pfeilschnell flitzen. Plankenwege führen durch die

Die runde Klosterkirche des Mosteiro da Serra do Pilar

Portwein

In Vila Nova de Gaia stehen zahlreiche Portweinhäuser unterhalb des Klosterkomplexes von Serra do Pilar. Portwein kam im 18. Jahrhundert auf, als britische Kaufleute begannen, Douro-Weine mit Brandy zu versetzen, damit sie nicht sauer wurden. Der süße Wein wurde bei den Kunden daheim gut angenommen. Heute wird Portwein dank verfeinerter Verfahren in verschiedenen Stilen und Qualitäten ausgebaut.

verschiedenen Habitate und an einem langen Strand entlang, auf dessen Dünen im Frühjahr und Sommer Wildblumen blühen.

9 Centro Interpretativo do Património da Afurada

Karte A4 ■ Rua Antônio dos Santos 10 ■ tägl. 10–12.30 & 13.30–18 Uhr ■ www.parquebiologico.pt/centro-interpretativo-do-patrimonio-da-afurada

Schon die Fahrt zu der flussabwärts von Vila Nova de Gaia gelegenen Fischersiedlung São Pedro da Afurada ist ein Erlebnis: Auf der Fähre über den Douro hat man einen wundervollen Blick auf die Ponte da Arrábida. Das Informationszentrum bietet mit alten Trachten, Booten, Schiffsmodellen und historischen Fischereigeräten einen Einblick in den Alltag vergangener Zeiten.

10 Mercado Beira-Rio

Karte F5 ■ Avenida de Ramos Pinto 148 ■ +351 930 415 404 ■ tägl. 11–22 Uhr ■ www.mercadobeirario.pt

Der sanierte Lebensmittelmarkt am Douro ist eines von Portos liebsten Zielen von Einheimischen und Besuchern. An den zahlreichen Ständen findet man eine großartige Auswahl an süßen und pikanten Spezialitäten, darunter auch *toucinho do céu*, *tarte de amêndoa*, *alheira* und natürlich die obligatorische *francesinhas* (siehe S. 58), die man sich bei einem Glas Wein oder Bier schmecken lässt. Dazu gibt es Livemusik oder Lesungen.

Spaziergang

Vormittags

Auf der **Ponte Dom Luís I** spazieren Sie von Baixa über den Douro nach Vila Nova de Gaia, tolle Aussicht inklusive. Danach stellen Sie sich bei der einstündigen Führung durch das **Mosteiro da Serra do Pilar** mit der runden Kirche vor, wie General Arthur Wellesley, der spätere Duke of Wellington, 1809 über den Fluss blickte und Portos Befreiung von den Franzosen plante. Über die Avenida da República erreichen Sie den **Jardim do Morro** *(siehe S. 95)*, wo Sie mit dem **Teleférico de Gaia** in fünf Minuten hinunter zum Fluss schweben. Dort bummeln Sie am **Cais de Gaia** *(siehe S. 95)* und stärken sich im **DeCastro** *(siehe S. 101)* mit *petiscos*.

Nachmittags

Über den Largo de Miguel Bombarda spazieren Sie zum **Portweinhaus Sandeman** *(siehe S. 99)*. Über dem Eingang begrüßt Sie Sandemans berühmtes Markenzeichen: der *Don* mit Sombrero und knöchellangem Umhang. Nehmen Sie sich ein paar Stunden Zeit für die Führung und einer Verkostung von bis zu fünf Ports aus hauseigenen Douro-Weinen, die in den historischen Kellern reifen. Danach unternehmen Sie im **Espaço Porto Cruz** *(siehe S. 99)* einen 30-minütigen virtuellen Flug über die Stadt und das Douro-Tal und anschließend auf einem **Flusstaxi** eine Mini-Kreuzfahrt im Sonnenuntergang zum Cais da Ribeira *(siehe S. 20f)*. Dort essen Sie zu Abend und genießen guten Wein und den Blick auf Vila Nova de Gaia.

Siehe Karte S. 94f

Dies & Das

1 Cantinho das Aromáticas

Karte K2 ■ Rua do Meiral 508 ■ Mo–Fr 9–18, Sa, So 9.30–18 Uhr ■ www.cantinhodasaromaticas.pt

Kräuter, Teebüsche und Sträucher wachsen in langen Reihen auf dem Bio-Hof, der den Anbau von Aromapflanzen erforscht.

2 Parque Biológico de Gaia

Karte L3 ■ Rua da Cunha ■ Mo–Fr 10–18, Sa, So 10–19 Uhr (Nov–März: bis 17 Uhr) ■ www.parquebiologico.pt

Auf dem familienfreundlichen ehemaligen Bauernhof mit Teichen, Bächen, Wald und Wiesen trifft man auf kleine und große Tiere.

3 Zoo Santo Inácio

Karte M3 ■ Rua 5 de Outubro ■ Apr–Okt: tägl. 10–19 Uhr; Nov–März: tägl. 10–17 Uhr ■ Eintritt ■ www.zoosantoinacio.com

Asiatische Löwen und andere bedrohte Arten wie Schneeleoparden und Sibirische Tiger sind der ganze Stolz von Vila Nova de Gaias Zoo.

4 Praia da Madalena

Karte K3 ■ Rua do Mar 450

Der beliebte Strand wurde wegen seiner Sauberkeit mit der Blauen Flagge ausgezeichnet.

5 Capela do Senhor da Pedra

Karte K4 ■ Alameda do Senhor da Pedra

Die ungewöhnliche sechseckige Kapelle ist am malerischsten bei Sonnenuntergang.

Capela do Senhor da Pedra

6 World of Wine

Karte F6 ■ Rua do Choupelo ■ tägl. 10–19 Uhr ■ www.wow.pt

World of Wine ist ein weitläufiges Kulturareal, dessen fünf Museen sich Weingeschichte und -produktion, Mode und Design, Trinkgefäßen und Portugals Korkindustrie widmen.

7 Estação Litoral da Aguda

Karte K4 ■ Rua Dr Alfrédo Dias ■ tägl. 10–19 Uhr ■ www.fundacao-ela.pt

Dutzende Fischarten aus den Gewässern vor Porto leben hier in großen modernen Aquarien wie in ihren natürlichen Habitaten. Zur Einrichtung gehört ein kleines Meeresmuseum.

8 Clube Golf de Miramar

Karte K4 ■ Ave Sacadura Cabral ■ tägl. 9–20 Uhr ■ Eintritt ■ www.cgm.pt

Der 9-Loch-Platz (Par 70) an der Küste wurde 1832 von dem schottischen Golfarchitekten Philip Mackenzie Ross angelegt, der in Portugal und Spanien als verdienstreicher Golfpionier gilt.

9 Cockburn's Port Lodge

Karte E6 ■ Rua Serpa do Pinto 346 ■ Apr–Okt: tägl. 10–17.30 Uhr; Nov–März: tägl. 9.30–17 Uhr ■ Eintritt ■ www.cockburns.com

Der Portweintempel ist das größte traditionelle Portweinhaus in Vila Nova de Gaia. In den Gewölbekellern lagern Tausende riesige Fässer.

10 Private Flussfahrt

RiverSoul: Karte A5; Douro Marina, Rua da Praia ■ Eintritt ■ www.riversoul-turismo-fluvial.webnode.pt

Auf einer Douro-Bootsfahrt hat man vom Wasser einen fantastischen Blick auf Vila Nova de Gaia und den Cais da Ribeira.

Weinkeller

Portweinhaus Sandeman

1 Sandeman

Karte F5 ■ Largo Miguel Bombarda 47 ■ März–Okt: tägl. 10–20 Uhr; Nov–Feb: tägl. 10–18 Uhr ■ Eintritt ■ www.sandeman.eu

Bei vier verschiedenen Führungen verkostet man bis zu fünf Weine. Die Geschichte des Hauses erfährt man kostenlos in der Sandeman Hall.

2 Graham's

Karte E5 ■ Rua do Agro 141 ■ nur mit Reservierung ■ Eintritt ■ www.grahams-port.com

Hinter den Granitmauern des Portweinhauses aus dem 19. Jahrhundert reifen Weine in über 2000 Fässern, Vintage Ports sogar jahrelang.

3 Taylor's

Karte F6 ■ Rua do Choupelo ■ tägl. 11–18 Uhr ■ Eintritt ■ www.taylor.pt

Die 1692 gegründete Kellerei erkundet man auf eigene Faust mit Audioguides. Zum Abschluss probiert man zwei sehr unterschiedliche Portweine von entgegengesetzten Enden des Geschmacksspektrums.

4 Ferreira

Karte E6 ■ Ave de Ramos Pinto 70 ■ tägl. 10–12.30, 14–18 Uhr ■ www.portoferreira.com

Die Portweine der Marke Ferreira erinnern an die legendäre Winzerin Antónia Ferreira *(siehe S. 39)*.

5 Cálem

Karte G5 ■ Ave de Diogo Leite 344 ■ Apr–Okt: tägl. 10–19 Uhr; Nov–März: tägl. 10–18 Uhr ■ Eintritt ■ www.calem.pt

Weiße Lagerhäuser mit roten Ziegeldächern – Cálem ist der Inbegriff eines typischen Portweinhauses in Gaia.

6 Offley

Karte F6 ■ Rua do Choupelo 54 ■ +351 223 740 672 ■ März–Nov: tägl. 10–12.30 & 14–18 Uhr ■ Eintritt ■ www.sogrape.com

Bei Offley erfährt man, welche Rolle Joseph James Forrester für den boomenden Portweinhandel spielte.

7 Real Companhia Velha

Karte H6 ■ Rua Azevedo Magalhães 314 ■ tägl. 10.15–16.15 Uhr ■ Eintritt ■ www.realcompanhiavelha.pt

Das moderne Besucherzentrum stellt die Geschichte des größten Weinproduzenten und die Rebsorten der Douro-Region vor.

8 Espaço Porto Cruz

Karte F5 ■ Largo Miguel Bombarda 23 ■ Di–So 11–19.30 Uhr ■ www.espacoportocruz.pt

Hier kann man einen virtuellen Flug über das Douro-Tal und seine Weinberge unternehmen.

9 Churchill's

Karte E5 ■ Rua da Fonte Nova 5 ■ Mo–Sa 10–18 Uhr ■ Eintritt ■ www.churchills-port.com

Auf einer Verkostungsführung erschmeckt man die Mission der 1981 gegründeten Boutique-Kellerei: »Portwein neu denken«, und zwar durch leichtere Ports.

10 Caves Burmester

Karte F5 ■ Largo Ponte Luís I ■ tägl. 10–13, 14–19 Uhr ■ Eintritt ■ www.burmester.pt

Das prestigereichste Weinhaus ist vor allem für seinen Portwein und Douro-Weine bekannt.

Siehe Karte S. 94f

Tascas & Tabernas

1 Taberninha do Manel

Karte F5 ■ Ave de Diogo Leite 308 ■ +351 223 953 549 ■ Mo geschl.

Die *petiscos*-Auswahl dieses preiswerten Lokals reicht von Shrimps über Muscheln bis zu Aufschnitt.

Petiscos in der Taberninha do Manel

2 Casa Adão

Karte F5 ■ Ave de Ramos Pinto 252 ■ +351 223 750 492

Das schlichte, hell erleuchtete traditionelle Lokal serviert so preiswerte wie solide Küche. Unter den Gästen sind vor allem Einheimische.

3 La Tasca al Forno

Karte E6 ■ Rua Valente Perfeito ■ +351 223 750 118

Köstlich und kreativ ist die Küche in diesem kleinen Lokal mit Gerichten wie *sapateira recheada* (gefüllte Krebse).

4 Barris do Douro

Karte G5 ■ Ave de Diogo Leite 402 ■ +351 223 752 419 ■ Di–So

Hinter seiner unauffälligen Fassade serviert das Barris do Douro Gerichte wie Kabeljaufrikadellen, frittierte grüne Bohnen und Schweinebäckchen in Rotwein.

5 Taberna do São Pedro

Karte B5 ■ Rua Vasco da Gama 126 ■ +351 915 465 918 ■ tägl. mittags

Die Seafood-Küche des Restaurants an der Uferfront lohnt den Weg mit der Fähre über den Fluss nach Afurada. Preiswert und gut sind hier unter anderem die gegrillten Sardinen und die Riesengarnelen.

6 Pedra Furada Tasca

Karte A4 ■ Rua 27 de Fevereiro 17 ■ +351 911 755 530 ■ Mi geschl.

Zu dem bildhübschen Restaurant mit der einladenden knallgelben Fassade gehört eine schöne Terrasse am Fluss. Die hervorragende Küche besticht mit exzellenten Meeresfrüchten.

7 Barriga Negra

Karte F5 ■ Mercado Beira-Rio, Ave de Ramos Pinto 148 ■ +351 912 278 648

In der lebhaften *tasca* im Mercado Beira-Rio lassen sich vor allem Einheimische Spezialitäten wie gegrillte Sardinen und Schweinebäckchen schmecken.

8 Da Terra

Karte C4 ■ Ave de Ramos Pinto 148 ■ +351 917 472 363

Wie ganz Portugal kann auch Porto für Vegetarier und Veganer eine Herausforderung sein. Abhilfe schafft dieses vegane Restaurant, für das man sich allerdings durch ein Labyrinth von Fleischständen im Mercado Beira-Rio kämpfen muss. Die täglich wechselnde Auswahl umfasst bis zu 20 Gerichte.

9 Beira Rio

Karte F5 ■ Ave de Diogo Leite 64 ■ +351 223 756 959

Francesinhas, gegrillte *chouriço*, Hühnchen, Sardinen und Fischsuppe sind Fixpunkte der Küche in diesem Lokal am Ufer. Gegessen wird im Freien oder im Gastraum.

10 Tasca da Mosca

Karte L2 ■ Rua da Bélgica 1445 ■ +351 910 491 665

Die typische *tasca* serviert klassische fleischlastige *petiscos* wie *alheira*, *beloura* (Blutwurst) und rohen Schinken aus Minho.

→ Siehe Karte S. 94f

Restaurants

Preiskategorien

Preis für ein Drei-Gänge-Menü pro Person mit einer halben Flasche Wein, inkl. Steuern und Service.

€ unter 30 € €€ 30–50 € €€€ über 50 €

1 The Yeatman

Karte F6 ■ Rua do Choupelo ■ +351 220 133 100 ■ €€€

Das Sternerestaurant ist für seine fantastischen kreativen Verkostungsmenüs berühmt.

2 Armazém do Peixe

Karte A4 ■ Largo Padre Joaquim de Araújo 311 ■ +351 912 874 672 ■ €€

Hier sehen die Gäste, wie ihr Fisch über Holzkohle gegrillt wird.

3 Barão Fladgate

Karte F6 ■ Rua do Choupelo 250 ■ +351 223 772 951 ■ tägl. ■ €€€

Das Restaurant punktet mit bester Küche – darunter auch vegetarische Optionen – und toller Aussicht.

4 Tempêro d'Maria

Karte F5 ■ Ave de Diogo Leite 278 ■ +351 963 788 420 ■ Di geschl. ■ €

Das Tempêro bietet preiswerte vielfältige Küche mit portugiesischen und internationalen Gerichten zu akzeptablen Preisen.

5 Mesa com Tradição

Karte M3 ■ Rua 5 de Outubro 2792 ■ +351 220 131 495 ■ Mo geschl. ■ €€

Das familiengeführte Restaurant serviert authentische Gerichte wie *bolinhos de alheira* (Wurstkroketten).

6 Dourum

Karte G5 ■ Ave de Diogo Leite 454 ■ +351 220 917 911 ■ €€

Die kleine Weinbar mit Küche liegt direkt unter der Ponte Dom Luís I.

7 DeCastro

Karte F5 ■ Largo Miguel Bombarda 23 ■ +351 910 553 559 ■ So abends ■ €€

Das helle moderne Restaurant bietet Platten für mehrere Personen mit kreativ variierten Klassikern wie *arroz de polvo* (Oktopusreis).

8 Restaurante Casa Dias

Karte F5 ■ Ave de Ramos Pinto 242 ■ +351 223 750 467 ■ tägl. ■ €

Schiffsmodelle schmücken das schlichte Restaurant, das Menüs und Gerichte *à la carte* serviert.

9 The Blini

Karte F6 ■ Rua do General Torres 344 ■ +351 224 055 306 ■ So geschl. ■ €€

Die Spezialität des eleganten Dachrestaurants ist innovative portugiesische Küche.

10 Vinum

Karte D5 ■ Rua do Agro 141 ■ +351 220 930 417 ■ €€€

Hier genießt man Verkostungsmenüs, Gerichte wie *vaca velha* (Steak einer seltenen Rinderrasse), Seehecht mit Selleriepüree sowie regionale Weine und Portweine.

Dachterrasse des Vinum

TOP 10 Foz do Douro

Ob man nun Essen, Schaufensterbummel oder den Strand liebt – ein schöner Tagesausflug beginnt mit der Oldtimer-Tram der Linie 1, die vom Zentrum am Fluss entlang bis zu dessen Mündung nach Foz do Douro rumpelt. Dort brechen sich die Atlantikwellen an Sandstränden und Felsküsten. Das einstige Fischerdorf Foz Velha mit den hübschen alten Häusern ist heute ein exklusiver Stadtteil mit Boutiquen und Galerien. In den Cafés und Bars genießt man die Sonne und den Sonnenuntergang über dem Meer, für Grün sorgen ein Stadtpark und eine Anlage am Ufer. Geschichtsfans zieht es zu den alten Leuchttürmen und der imposanten Festung, Kunstfans zu Janet Echelmans Installation und alle zusammen zum Markt im Zentrum.

Brunnen im Jardim do Passeio Alegre

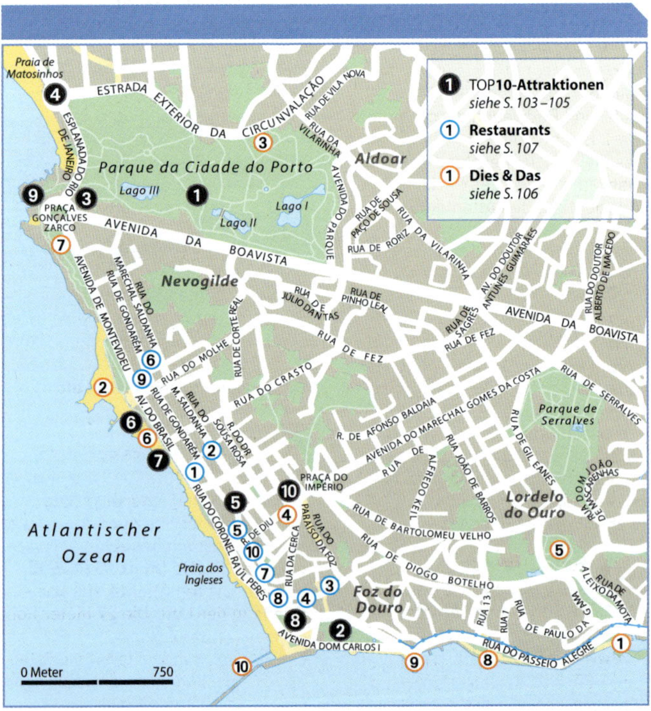

1 TOP10-Attraktionen siehe S. 103–105

1 Restaurants siehe S. 107

1 Dies & Das siehe S. 106

See im Parque da Cidade do Porto

1 Parque da Cidade do Porto

Karte P1 ■ Ave da Boavista ■ +351 225 320 080 ■ Mo 9–23, Di–So 7–24 Uhr

Portos größter öffentlicher Park bietet eine ansprechende Mischung aus gepflegten Rasenflächen, Teichen und schön gestalteten Seen, auf denen Enten, Gänse und Schwäne paddeln. Zum Areal gehören auch einige naturbelassenere Abschnitte mit Gehölzen, die nach dem Vorbild der harmonischen Landschaft der nördlich von Porto gelegenen Region Minho angelegt wurden. Der von Fuß- und Radwegen durchzogene Park ist am Wochenende ein beliebtes Ziel von Joggern und Familien. Ganz im Westen des Parks ist die Aussicht auf den Atlantik beeindruckend.

2 Jardim do Passeio Alegre

Karte P4 ■ Rua do Passeio Alegre

In den hohen Palmen des familienfreundlichen Uferparks kreischen Scharen von Grünsittichen. Hier können Kinder toben, schaukeln und Karussell fahren, Unterhaltung bietet zudem ein Minigolfplatz. Unbedingt sehenswert sind die Toiletten in einem Jugendstilpavillon von 1910 – wahre Fliesenkunstwerke.

3 Sea Life Porto

Karte N1 ■ Rua Particular do Castelo do Queijo 1A ■ Mo–Fr 10–18, Sa, So 10–19 Uhr ■ Eintritt ■ www.visitsealife.com/porto

Ein – durchaus auch informativer – Spaß, der nicht nur Kinder fasziniert: In den riesigen Aquarien von Sea Life tummeln sich Meeresgeschöpfe aus aller Herren Länder. Der Fokus liegt auf Arten, die vor den Küsten Portugals und der portugiesischen Atlantikinseln sowie im Douro und dessen Mündung vorkommen. Ein ganz besonderes Highlight ist eine durchsichtige Röhre, in der man durch ein enormes Aquarium mit Haien spaziert und den Raubfischen ganz nahe kommt.

She Changes schwebt in der Luft

4 *She Changes*

Karte N1 ■ Praça da Cidade do Salvador

Die gigantische, eindrucksvolle Installation der US-Künstlerin Janet Echelman ist ein beliebtes Wahrzeichen von Foz do Douro. Seit 2005 schwebt sie am Atlantikufer wie eine Qualle in der Luft. Die 27 Meter hohe und doch zart wirkende Struktur besteht aus kunstvollen Metallgeflechtlagen und ist an drei schrägen Stahlträgern aufgehängt.

5 Farol da Senhora da Luz

Karte P3 ■ Alto Monte da Luz ■ für die Öffentlichkeit geschl.

Das Licht ist aus und niemand zu Hause in dem massiven, etwas heruntergekommenen Gebäude mit dem achteckigen zweigeschossigen Turm. Es steht in einem kleinen Park auf dem niedrigen Monte da Luz an der Praia de Gondarém. Der Leuchtturm wurde 1761 auf Befehl des Modernisierers Marquês de Pombal erbaut und leitete früher mit seinem grünen Licht Schiffe sicher zur Mündung des Douro. In den 1920er Jahren wurde die Laterne entfernt und der Leuchtturm stillgelegt. Heute umweht ihn typisch portugiesische *saudade* (Wehmut) – aber allein schon der Ausblick und die Meeresbrise lohnen den Weg dorthin.

6 Praia do Molhe

Karte N3 ■ Avenida do Brasil

Bei den Portugiesen steht die Praia do Molhe im Sommer hoch im Kurs, doch Riviera-Feeling kommt hier nicht auf. Der knapp 200 Meter lange kiesige Sandstrand wird an Sommerwochenenden von Familien und ansonsten von kalten Atlantikwellen überschwemmt. Diese sind jedoch wiederum ein geradezu hypnotisierender Anblick, den man in den vielen gemütlichen Cafés und Bars genießen kann. Die Praia do Molhe ist ein wenig touristisches, dafür aber familienfreundliches Ziel.

7 Praia de Gondarém

Karte N3 ■ Avenida do Brasil

Der von Felsen unterbrochene sonnige goldene Sandstrand ist vor allem an Sommerwochenenden ein Top-Ziel für die Großstädter. Dazu trägt auch das saubere Wasser bei, für das er mit der Blauen Flagge ausgezeichnet ist. Wie an vielen Stränden bei Porto lässt es sich hier nicht wie am Mittelmeer gemütlich planschen. Der Atlantik ist selbst in der Sommerhitze eher kühl – manche würden wohlmeinend sagen: erfrischend. In jedem Fall kann man hier in den vielen, teils mit Sonnenliegen und -schirmen ausgestatteten Strandbars bei einem kalten Bier oder Vinho Verde intensiv an der eigenen Sonnenbräune arbeiten.

8 Fortaleza de São João Baptista da Foz

Karte P4 ■ Rua do Castelo ■ +351 226 153 440 ■ Mo–Fr 9–17 Uhr

Die Respekt einflößende Festung mit dem Bastionenring aus Granitmauern wurde Ende des 17. Jahrhunderts zur Kontrolle der Douro-Mündung gebaut und im 18. Jahrhundert durch noch mächtigere Befestigungen verstärkt. Tatsächlich werden Teile der Fortaleza noch immer von der portugiesischen Armee genutzt. Tagsüber jedoch dürfen Besucher auf den Befestigungsmauern spazieren und die gelegentlichen Kunstausstellungen in der Festung besuchen.

Praia do Molhe an einem Frühlingstag

Fortaleza de São Francisco Xavier

9 Fortaleza de São Francisco Xavier

Karte N1 ■ Praça de Gonçalves Zarco ■ Apr – Okt: Di – So 9 – 18 Uhr ■ Eintritt

Man braucht schon Fantasie, um in dem Felsen, auf dem die Mini-Festung aus dem 17. Jahrhundert thront, die Form eines Riesenkäses zu erkennen, die der eindrucksvollen Anlage den Spitznamen Castelo do Queijo (Käseburg) einbrachte. Offiziell heißt sie nach dem streitbaren Jesuitenmissionar Franz Xaver (1506 – 1552), der in der ehemaligen portugiesischen Kolonie Goa in Indien bestattet ist. Die Fortaleza de São Francisco Xavier gehörte zu Portos Verteidigungsanlagen gegen drohende Angriffe im Zuge der spanischen Invasion. Ihrer Militärgeschichte widmet sich ein kleines Museum.

10 Mercado da Foz do Douro

Karte P3 ■ Rua de Diu ■ +351 226 176 836 ■ Mo – Do 7 – 18, Fr, Sa 7 – 23 Uhr

Auf diesem kleinen, aber reizenden Markt findet jeder etwas nach seinem Geschmack. Ursprünglich kauften in der Markthalle die Anwohner aus dem Viertel Lebensmittel für den Tagesbedarf ein. Rundum saniert, gefällt er heute auch Portos Hipstern. Noch immer verkaufen hier viele Händler frisches Obst und Gemüse, Blumen, Wurstwaren, Fisch und Meeresfrüchte. Daneben bieten zahlreiche Stände typisch portugiesisches Streetfood und dazu die passenden Weine an.

Spaziergang

Vormittags

Beginnen Sie an einem beliebten Fotomotiv am Südende der Uferpromenade in Foz: dem Leuchtturm **Farolim de Felgueiras** *(siehe S. 106)* hoch über dem Hafenkanal. Danach spazieren Sie zur **Fortaleza de São João Baptista da Foz**, wo Sie auf den Festungsmauern die Aussicht genießen, und weiter ein paar Blocks landeinwärts zum **Mercado da Foz do Douro** und seinen Imbissständen. Nach einer Stärkung bummeln Sie auf der Promenade zur **Praia do Molhe**. Dort können Sie im Atlantik baden oder gleich in einem Strandcafé zu einem Bier oder Glas Vinho Verde einkehren. Mittags genießen Sie im **A Xícara** *(siehe S. 107)* regionale Küche – Fisch, Meeresfrüchte oder Klassiker wie den Kuttelneintopf *tripas à moda do Porto*.

Nachmittags

Nach der Besichtigung der **Fortaleza de São Francisco Xavier** spazieren Sie zum **Parque da Cidade do Porto** *(siehe S. 103)*. In diesem größten Park der Stadt verbringen Sie ein paar Stunden, erkunden die perfekt gepflegte Anlage und entdecken immer wieder neue großartige Aussichten auf den Atlantik. Über das einmalige aquatische Ökosystem des Douro und der Uferregion informiert der **Pavilhão da Água** *(siehe S. 106)*. Mit dem Taxi fahren Sie zurück in die Stadt zum Sternerestaurant **Pedro Lemos** *(siehe S. 107)*. Dort erwarten Sie ein Verkostungsmenü aus regionalen Zutaten und dazu sorgfältig ausgewählte Weine.

Siehe Karte S. 102 ←

Dies & Das

Vorbild der Pérgola da Foz ist die Promenade des Anglais in Nizza

1 Jardim do Cálem

Karte R4 ■ Rua de Sobreiras ■ +351 228 349 499

In dem kleinen schönen Garten am Flussufer nahe der Douro-Mündung stehen Korkeichen und Pappeln.

2 Praia do Homem Leme

Karte N3 ■ Ave de Montevideo 196

An der sandigen Bucht ehrt eine Statue die Fischer von Foz do Douro.

3 Pavilhão da Água

Karte P1 ■ Parque da Cidade do Porto ■ Eintritt ■ www.pavilhaoda agua.pt

Das Besucherzentrum im Parque da Cidade do Porto *(siehe S. 103)* erklärt mit interaktiven Exponaten unterhaltsam die Bedeutung des Wassers.

4 Jardim Antero de Figueiredo

Karte P3 ■ Rua da Cerca

Im Gedenkgarten für den Autor Antero de Figueiredo (1866–1953) kann man bei einer Tour durch Foz do Douro eine Rast einlegen.

5 Parque Urbano da Pasteleira

Karte R4 ■ Rua de Diogo Botelho ■ Apr–Sep: tägl. 8–23 Uhr; Okt–März: tägl. 8–20 Uhr

Der drei Hektar große Park mit Bäumen, Seen und Wiesen ist im Sommer ideal zum Picknicken.

6 Pérgola da Foz

Karte N3 ■ Ave do Brasil

Die hübsche Kolonnade aus den 1930erJahren an Foz do Douros Promenade ist ein typisches Beispiel dafür, wie Portos Bourgeoisie Moden aus anderen Ländern übernahm.

7 Jardins da Avenida de Montevideu

Karte N2 ■ Ave de Montevideu

In dem langen schmalen Park an der Küste kann man sich auf Bänken mit schönen Azulejos in den Sonnenuntergang träumen.

8 Jardim de Sobreiras

Karte Q4 ■ Rua de Sobreiras

An diesem gepflasterten Uferabschnitt mit der grandiosen Aussicht stehen Palmen.

9 Farol de São Miguel-o-Anjo

Karte Q4 ■ für die Öffentlichkeit geschl. ■ www.monumentos.gov.pt

Das auf den ersten Blick unscheinbare Bauwerk ist einer der ältesten verbliebenen Leuchttürme.

10 Farolim de Felgueiras

Karte P4 ■ Jardim do Passeio Alegre ■ für die Öffentlichkeit geschl.

Der 17 Meter hohe Leuchtturm mit der roten Laterne am Südende der Uferfront in Foz wurde 1886 aus Granit erbaut. Bis zu seiner Stilllegung im Jahr 2009 diente er Fischern zur Orientierung.

Restaurants

Preiskategorien
Preis für ein Drei-Gänge-Menü pro Person mit einer halben Flasche Wein, inkl. Steuern und Service.

€ unter 30 € €€ 30–50 € €€€ über 50 €

1 O Melhor Bolo de Chocolate do Mundo

Karte P3 ▪ Rua do Padrão 8 ▪ +351 222 082 727 ▪ Mo geschl. ▪ €

Das Restaurant »Der beste Schokoladenkuchen der Welt« serviert herrlich süßes Schokogebäck.

2 Casa Vasco

Karte P3 ▪ Rua do Padrão 152 ▪ +351 226 180 602 ▪ €€

Die baskischen *petiscos* des gepflegten modernen Restaurants sind vor allem Seafood-Gerichte, z. B. Austern, Garnelen und Thunfischtatar.

3 Pedro Lemos

Karte Q4 ▪ Rua do Padre Luís Cabral 974 ▪ +351 220 115 986 ▪ Mo, So geschl. ▪ €€€

Das Gourmetrestaurant verwöhnt seine Gäste mit Verkostungsmenüs aus Zutaten der Saison und dazu passenden regionalen Weinen.

4 A Capoeira

Karte P4 ▪ Esplanada do Castelo 63 ▪ +351 226 181 589 ▪ So geschl. ▪ €

Spezialitäten sind gegrillte Fleischgerichte und frisches Seafood.

5 Casa Rocha

Karte P3 ▪ Rua da Senhora da Luz 424 ▪ +351 910 320 262 ▪ So geschl. ▪ €

Unprätentiös wie das Ambiente ist auch die Karte: Hier schmecken einfache Gerichte wie Portos traditionelle *bolinhos bacalhau* (frittierte Kabeljaubällchen).

6 A Xícara

Karte P3 ▪ Rua de Gondarém 912 ▪ +351 226 180 401 ▪ So geschl. ▪ €

Nicht nur ein Teesalon: A Xícara serviert neben exzellenten Tees und süßem Gebäck auch pikante traditionelle Gerichte, z. B. Portos berühmte Kutteln, die *tripas à moda do Porto*.

7 Bar Tolo

Karte P2 ▪ Rua da Senhora da Luz 185 ▪ +351 224 938 987 ▪ Di geschl. ▪ €€€

Die Bar Tolo ist der perfekte Ort, um aufs Meer zu blicken und dabei *petiscos*, Fischgerichte und einen Krug süße Sangria zu genießen.

8 Tentações no Prato

Karte P3 ▪ Rua da Senhora da Luz 97 ▪ +351 226 182 738 ▪ Mo geschl. ▪ €

Die Portugiesen lieben die bodenständige Küche dieses lebhaften Familienlokals am Meer. Reservierung wird empfohlen.

9 Cêpa Torta

Karte P3 ▪ Rua de Gondarém ▪ +351 226 181 056 ▪ So geschl. ▪ €€

Hier bekommt man exzellente Pastagerichte mit Fleisch-, Gemüse- und Seafood-Saucen.

10 Tavi

Karte P3 ▪ Rua da Senhora da Luz 363 ▪ +351 226 180 152 ▪ €

Naschkatzen genießen in dieser *confeitaria* das Eis, die Schokoladen, den *bolo de arroz* (Reiskuchen) und anderen Kuchen.

Überdachte Terrasse des Tavi

Siehe Karte S. 102

Reise-Infos

Eine Oldtimer-Tram rumpelt durch eine steile Straße der Altstadt

HOSPEDARIA
S. ANTÓNIO
Ritual

Anreise & In Porto unterwegs

Anreise mit dem Flugzeug

Auf dem **Aeroporto Francisco Sá Carneiro** elf Kilometer nordwestlich des Zentrums landen Flüge von allen großen europäischen Flughäfen. Mit der Metro-Linie E erreicht man vom Flughafen in rund 25 Minuten das Stadtzentrum, die Züge fahren alle 20 bis 30 Minuten. Eine einfache Fahrt kostet 2,15 Euro. Die Buslinie 120 fährt alle 30 Minuten ins Zentrum, Tickets kosten 2 Euro. Eine Taxifahrt ins Zentrum dauert rund 20 bis 30 Minuten und kostet etwa 25 Euro. Per Shuttledienst **100Rumos** kostet die Fahrt vom Airport zu teilnehmenden Hotels ab 6 Euro.

Anreise mit dem Zug

Internationale Züge und die Hochgeschwindigkeitszüge Alfa Pendular von Portugals staatlicher Eisenbahngesellschaft **Comboios de Portugal** kommen im Estação de Campanhã an. Der Bahnhof liegt zwei Kilometer östlich des Zentrums. Zwischen dem Estação de Campanhã und dem Estação de São Bento im Zentrum fahren Metros (Umstieg an der Station Trindade erforderlich).

Anreise mit dem Bus

Internationale Reisebusse kommen am Busbahnhof Casa da Música an. Von dort erreicht man zu Fuß oder mit der Metro (ca. fünf Minuten) das Zentrum. Busse der größten portugiesischen Busgesellschaft, **Rede Expressos**, kommen von Lissabon und anderen Orten in Portugal am Busbahnhof Garagem Atlântico im Zentrum an. Busse von **Internorte** fahren zu Zielen in Portugal und in ganz Europa.

Anreise mit dem Auto

Die Fahrt von Lissabon nach Porto dauert auf der Autobahn A1 rund vier Stunden. Die Hauptverbindung von Nordportugal nach Porto ist die A3, von Spanien und dem Westen die E80. Autofahren im Zentrum ist nicht zu empfehlen. Wer mit dem Auto ankommt, sucht sich am besten ein Hotel mit sicherem Parkplatz und erkundet die Stadt zu Fuß und mit öffentlichen Verkehrsmitteln.

Anreise mit dem Schiff

Kreuzfahrtschiffe legen etwa acht Kilometer außerhalb der Stadt am **Porto Cruise Terminal** in Leixões gleich nördlich von Matosinhos an. Das Terminal erreicht man mit der Metro zur Station Mercado und mit der Tram zur Haltestelle Matosinhos Sul.

Metro, Bus & Tram

Die sechs modernen Linien der **Metro do Porto** verbinden das Zentrum mit dem Flughafen und den Vororten auch jenseits des Douro. Das Metro-Netz ist übersichtlich – die wichtigsten Sehenswürdigkeiten erreicht man vor allem mit der Linie A von Porto nach Matosinhos, der Linie B nach Póvao de Varzim am Meer und der Linie E, die vom Zentrum zum Flughafen Francisco Sá Carneiro fährt. Alle Linien fahren zur Station Trindade am Nordende der Avenida dos Aliados. Das Zentrum ist klein genug, um sich zu Fuß fortbewegen zu können, für etwas weiter entfernte Sehenswürdigkeiten wie Serralves oder die Casa da Música bietet sich aber die Metro an. Die Züge fahren von 6 bis 1 Uhr.

Busse fahren in der ganzen Stadt, wichtige Knotenpunkte sind Jardim da Cordoaria, Praça Almeida Garrett (gegenüber dem Estação de São Bento), Praça da Liberdade und die Metro-Station Casa da Música. Die Busse fahren ab 6 Uhr, ab Mitternacht ist der Betrieb eingeschränkt. Tickets oder Andante-Karten muss man im Bus entwerten.

Attraktion und Transportmittel sind die Oldtimer-Trams *(carros eléctricos)*, die auf malerischer Strecke am Fluss nach Foz do Douro fahren. Jede Fahrt kostet 3,50 Euro, Karten sind beim Fahrer erhältlich. Busse und Trams betreibt die städtische Verkehrsbehörde **STCP**.

Bequem unterwegs ist man mit der Karte **Andante Tour**, die für die Metro, Busse und einige

Vorortzüge gültig ist – nicht jedoch für Trams, Seilbahnen und Boote. Sie ist in Andante-Shops, beim Fremdenverkehrsamt am Flughafen und in CP-Ticketshops erhältlich. Es gibt sie in zwei Versionen: Andante Tour 1 ist 24 Stunden gültig und kostet 7 Euro, während Andante Tour 3 unbegrenzt viele Fahrten in einem Zeitraum von 72 Stunden erlaubt und 15 Euro kostet.

Eine Alternative ist die Porto.CARD, die im Gegensatz zur Andante Tour Card zahlreiche Vergünstigungen bei Sehenswürdigkeiten beinhaltet. Sie ist für ein, zwei, drei oder vier Tage erhältlich.

Seilbahnen

Mit der Seilbahn **Teleférico de Gaia** kommt man bequem in etwa fünf Minuten vom Kai in Vila Nova de Gaia bis zum hoch gelegenen Jardim de Morro. Die Standseilbahn **Funicular dos Guindais** erklimmt einen steilen Hügel zwischen Ribeira und Batalha.

Taxis

Taxistände findet man am Flughafen sowie an den großen Bahnhöfen und Plätzen im Zentrum, z. B. an der Praça Almeida Garrett und der Praça da Liberdade. Alle Taxis sind mit Taxameter ausgestattet. Online-Buchungen sind bei **Táxis Invicta** möglich.

Autofahren

In Porto ist Autofahren nicht zu empfehlen – es kann sich aber lohnen, ein Auto zu mieten, um zu den Quintas und Weingütern zu fahren. Niederlassungen betreiben in Porto u. a. **Avis**, **Budget**, **Europcar** und **Hertz**.

Radfahren

Porto ist nicht besonders radfahrerfreundlich. In der Altstadt sind die Straßen steil und oft holprig. Allerdings kann man die Gebiete am Douro-Ufer zu beiden Seiten auf schönen, einfachen Strecken erkunden. Räder (auch E-Bikes für sportlich weniger Ambitionierte) verleihen **Biclas & Triclas** und weitere Anbieter.

Zu Fuß

Portos Altstadt erkundet man am besten zu Fuß. Die steilen Straßen zwischen dem Viertel um die Kathedrale und dem Flussufer in Ribeira können anstrengend sein, zum Glück lässt sich überall eine Rast einlegen. Nach Vila Nova de Gaia auf der anderen Flussseite gelangt man zu Fuß über die Ponte Dom Luís I.

Flugreisen

100Rumos
W 100rumos.com

Aeroporto Francisco Sá Carneiro
W aeroportoporto.pt

Zugreisen

Comboios de Portugal
W cp.pt

Busreisen

Internorte
W internorte.pt

Rede Expressos
T +351 707 22 33 44
W rede-expressos.pt

Schiffsreisen

Porto Cruise Terminal
T +351 229 990 700
W apdl.pt

Metro, Bus & Tram

Andante Tour
W stcp.pt/en/tourism/recommended-tariffs

Metro do Porto
W metrodoporto.pt

STCP
W stcp.pt

Seilbahnen

Funicular dos Guindais
W metrodoporto.pt

Teleférico de Gaia
W gaiacablecar.com

Taxis

Táxis Invicta
W taxisinvicta.com

Autofahren

Avis
T +351 229 436 900
W avis.com

Budget
T +351 210 323 605
W budget.com

Europcar
T +351 229 482 452
W europcar.com

Hertz
T +351 219 426 300
W hertz.com

Radfahren

Biclas & Triclas
T +351 220 996 130
W tricla.pt

Praktische Hinweise

Einreise

Alle Staaten, die das Schengener Abkommen unterzeichnet haben, darunter auch Portugal, verzichten auf Kontrollen an gemeinsamen Grenzen. Somit gibt es bei Einreise aus nahezu allen EU-Staaten (u. a. auch Deutschland und Österreich) und seit 2008 auch aus der Schweiz keine Grenzkontrollen mehr. Dennoch müssen Sie sich mit einem gültigen Personalausweis oder Pass ausweisen können. Für Kinder jeden Alters ist ebenfalls ein eigener Ausweis erforderlich. (Beachten Sie, dass seit 1. Januar 2024 für Kinder mit deutscher Staatsangehörigkeit nur noch Personalausweise bzw. Reisepässe ausgegeben werden. Hat Ihr Kind noch einen gültigen Kinderreisepass, kann dieses Ausweisdokument bis zum Ende der Gültigkeit weiterverwendet werden.)

Bei einer Einreise mit Haustieren muss ein EU-Heimtierausweis vorgelegt werden.

Zoll

Bei EU-Bürgern sind Waren für den persönlichen Gebrauch zollfrei. Für Tabak und Alkohol gelten die EU-Höchstgrenzen: 800 Zigaretten, 400 Zigarillos, 200 Zigarren oder ein Kilogramm Tabak; zehn Liter Spirituosen mit einem Alkoholgehalt von mehr als 22 Prozent, 20 Liter Spirituosen mit einem Alkoholgehalt von höchstens 22 Prozent, 90 Liter Wein (davon höchstens 60 Liter Schaumwein) oder 110 Liter Bier.

Für Bürger aus Nicht-EU-Ländern gelten deutlich niedrigere Höchstmengen. Diese Reisenden haben jedoch ein Anrecht auf die Rückerstattung der Mehrwertsteuer für Waren, die im persönlichen Gepäck transportiert werden. Hierfür muss der Laden den gezahlten Preis, die erworbene Ware und den zu erstattenden Betrag bescheinigen. Die Rückerstattung kann bei der Abreise am Flughafen erfolgen.

Reise- & Sicherheitshinweise

Aufgrund unvorhersehbarer Entwicklungen kann es jederzeit zu Änderungen und Einschränkungen kommen. Aktuelle Hinweise zur Einreise sowie Sicherheitshinweise finden Sie bei den Außenministerien Deutschlands, Österreichs und der Schweiz. Die Außenministerien dieser Länder stellen zudem kostenlose Apps zur Verfügung.

Deutsche Botschaft
Campo dos Mártires da Pátria 38, 1169-043 Lissabon
■ +351 965 808 092
■ www.lissabon.diplo.de

Österreichische Botschaft
Avenida Infante Santo 43, 1399-046 Lissabon
■ +351 213 943 900
■ www.bmeia.gv.at/oeb-lissabon

Schweizerische Botschaft
Travessa do Jardim 17, 1350-185 Lissabon
■ +351 213 944 090
■ www.eda.admin.ch/lisbon

Versicherung

Gesetzlich versicherte Bürger der EU-Staaten und der Schweiz haben in Portugal ein Anrecht auf notwendige medizinische Behandlung. Bei der Abwicklung der Formalitäten hilft Ihre EHIC-Karte (European Health Insurance Card). Einige Leistungen, wie Krankenrücktransport, sind nicht abgedeckt. Wer sichergehen will, schließt vorher eine Auslandsreisekrankenversicherung ab.

Für Erstattungen von privaten Reiseversicherungen müssen Sie Verbrechen oder verlorenes Gut bei der Polizei anzeigen und eine Kopie der polizeilichen Aufnahme des Falls aufbewahren.

Gesundheit

Apotheken *(farmácias)* sind leicht am grünen Kreuz zu erkennen. Dort kann man sich oft kleinere Gesundheitsprobleme diagnostizieren und Behandlungen vorschlagen lassen. Ein Aushang nennt die nächste Apotheke mit Notdienst. Rund um die Uhr geöffnet ist die **Farmácia Barreiros** in der Rua Serpa Pinto.

Kleinere Verletzungen werden auch in den lokalen Gesundheitszentren *(centros da saúde)* behandelt. Bei stärkeren Beschwerden und Notfällen sollten Sie auf jeden Fall ein Krankenhaus aufsuchen. Das größte zentrale Krankenhaus ist das **Hospital Geral de Santo António**. Die meisten Ärzte in Krankenhäusern sprechen Englisch.

Sofern nicht anders angegeben, ist das Leitungswasser überall in Portugal trinkbar.

Persönliche Sicherheit

Porto ist ein sicheres Reiseziel, Gewaltverbrechen ereignen sich nur selten. Allerdings sollte man vor allem in öffentlichen Verkehrsmitteln vor Taschendiebstählen auf der Hut sein. Treffen Sie wie überall auch hier die üblichen Vorsichtsmaßnahmen, indem Sie Wertsachen versteckt am Körper tragen oder möglichst im Hotelsafe aufbewahren. Lassen Sie Wertsachen, Bargeld und Handtaschen nie unbeobachtet und auch nicht offen im geparkten Auto liegen.

Das speziell für Touristen zuständige Polizeidezernat **Esquadra de Turismo** liegt gleich neben dem Fremdenverkehrsbüro an der Praça de Pedro Nunes 16.

Notfälle

Feuerwehr *(bombeiros)*, Ambulanz *(ambulância)* und Polizei *(polícia)* können Sie im Notfall über die **Europäische Notrufnummer** 112 auf Portugiesisch oder Englisch anfordern. Bei Unfällen auf der Autobahn können Sie, wenn Ihr Handy nicht funktioniert, auch an den orangefarbenen SOS-Säulen am Seitenstreifen Hilfe holen. Drücken Sie den Knopf, bis sich die portugiesisch sprechende Vermittlung meldet und Sie weiterverbindet.

Behinderte Reisende

Porto ist vielerorts sehr hügelig, dort ist man häufig auf gepflasterten Straßen und steilen Treppen unterwegs. Dies gilt vor allem für Baixa, Ribeira und Vila Nova de Gaia. Busse, U-Bahnen und Züge sind mit Rollstuhl zugänglich, Trams jedoch nicht. Das **Instituto Nacional para a Reabilitição** vertritt die Rechte behinderter Menschen, **Visit Portugal** bietet online Informationen für behinderte Reisende. An Portos Aeroporto Francisco Sá Carneiro hilft der Service **MyWay** behinderten Reisenden. Der Service muss mindestens 48 Stunden vor Abflug gebucht werden. **Tourism For All** ist auf behinderte Reisende spezialisiert, **Accessible Portugal** bietet Informationen für Reisende mit eingeschränkter Mobilität.

Reise- & Sicherheitshinweise

W auswaertiges-amt.de
W bmeia.gv.at
W eda.admin.ch

Konsulate

Deutschland
Ave Sidónio Pais 379, 4100-468 Porto
T +351 226 108 122

Österreich
Rua Agostinho da Silva Rocha 844, 4475-451 Nogueira
T +351 933 147 054

Schweiz
Rua Cruz das Guardeiras 525, 4470-593 Maia
T +351 917 525 854

Gesundheit

Hospital Geral de Santo António
Largo Prof Abel Salazar
T +351 222 077 500
W chporto.pt

Farmácia Barreiros
Rua Serpa Pinto 12
T +351 228 349 150
W farmaciabarreiros.com

Persönliche Sicherheit

Esquadra de Turismo
Praça de Pedro Nunes 16
T +351 222 092 006

Notfälle

Europäische Notrufnummer
Polizei, Feuerwehr & Ambulanz
T 112

Behinderte Reisende

Accessible Portugal
W accessibleportugal.com

Instituto Nacional para a Reabilitição
T +351 217 929 500
W inr.pt

MyWay
W ana.pt

Tourism For All
W tourism-for-all.com

Visit Portugal
W visitportugal.com/experiencias/turismo-acessivel

Geld

Portugal ist Gründungsmitglied der Euro-Zone. Banknoten mit Nennwert ab 200 Euro sind wenig im Umlauf und werden in Läden, Lokalen und sonstigen Einrichtungen häufig nicht angenommen.

An Geldautomaten *(multibanco)* kann man Euro abheben – mit Kreditkarte (mit PIN) oder mit Debitkarte. Die girocard mit Maestro- oder V-Pay-Logo funktioniert in ganz Portugal. Die meisten Automaten bieten eine mehrsprachige Bedienungsanleitung. Informieren Sie sich vor der Anreise über anfallende Kosten.

Banken, Wechselstuben *(agências de câmbios)* und viele größere Hotels wechseln Bargeld in ausländischen Währungen. Bankfilialen sind überall zu finden. Sie bieten häufig die besten Wechselkurse und günstigsten Provisionen.

Kredit- und Debitkarten von Mastercard und Visa werden in den meisten Läden und Restaurants akzeptiert. American Express und sonstige Kreditkarten werden seltener akzeptiert. Es empfiehlt sich, immer etwas Bargeld bei sich zu haben – z. B. für einen Snack auf der Straße oder eine Taxifahrt.

Internet & Handys

In Porto kann man mit allen in Europa gängigen Handys und Smartphones telefonieren. Fast alle Hotels bieten ihren Gästen im Zimmer oder in einem der öffentlichen Bereiche WLAN-Zugang. Gleiches gilt für viele Restaurants und Cafés – von den Mitarbeitern erhält man auf Nachfrage ein Passwort.

Für EU-Bürger entstehen bei der Nutzung ihres Mobiltelefons keine Roaminggebühren, sie zahlen dieselben Gebühren wie für Handygespräche zu Hause.

Die Landesvorwahl von Portugal ist 0351.

Post

Die portugiesische Post heißt **CTT Correios de Portugal**. Die Postämter werden *correios* genannt und sind über das ganze Stadtgebiet verteilt. Das Hauptpostamt liegt an der Praça General Humberto Delgado.

Briefmarken erhält man in Postämtern auch an Automaten, in die man Münzen einwirft – das geht schneller, als am Schalter anzustehen. Sie können sie aber auch an Kiosken und Läden mit dem Schild *»Correios de Portugal – Selos«* kaufen.

Eilsendungen werden als *correio azul* in die blauen Briefkästen geworfen, alle anderen Sendungen in die roten.

Fernsehen & Zeitungen

In den meisten Hotels kann man nur wenige oder gar keine nichtportugiesischen TV-Sender empfangen. Deutschsprachige Zeitungen sind an manchen Kiosken erhältlich, häufig mit einem Tag Verspätung.

Öffnungszeiten

Banken sind in der Regel montags bis freitags von 8.30 bis 15 Uhr geöffnet, Läden an Werktagen von 9 bis 13 und 14 bis 19 Uhr sowie samstags bis mittags. Einige große Einkaufszentren sind jedoch täglich bis 22 Uhr geöffnet. Restaurants öffnen meist mittags von 12 bis 15 Uhr und abends von 19 bis 23.30 Uhr. Museen und Monumente sind täglich außer Montag von 9.30 bis 18 Uhr offen.

Zeitzone

In Portugal gilt die Westeuropäische Zeit (WEZ). Es ist also eine Stunde früher als in Ländern mit Mitteleuropäischer Zeit (MEZ). Vom letzten Sonntag im März bis zum letzten Sonntag im Oktober gilt die Sommerzeit.

Strom

Die Stromspannung beträgt in Portugal wie im restlichen Europa auch 230 Volt, 50 Hertz. Flache, zweipolige Stecker passen immer.

Autofahren

Die Höchstgeschwindigkeiten betragen in geschlossenen Ortschaften 50 km/h, auf Landstraßen 90 bzw. 100 km/h und auf Autobahnen 120 km/h. Das Mitführen von Ausweis, Führerschein und Versicherungsnachweis sowie Fahrzeugschein bei Fahrten im eigenen Auto ist Pflicht. Dies gilt auch für Warndreiecke und fluoreszierende Warnwesten.

Der **ACP** (Automóvel Club de Portugal) ist Partner von vielen Automobilclubs in anderen Ländern. Bei einem

Unfall wählen Sie die Notrufnummer 112, bei einer Panne rufen Sie den ACP. Wenn Sie mit einem Mietwagen unterwegs sind, halten Sie sich jedoch an die Instruktionen der Mietwagenfirma.

Das Einhalten der Promillegrenze von 0,5 wird streng kontrolliert. Benutzen Sie öffentliche Verkehrsmittel oder ein Taxi, wenn Sie Alkohol getrunken haben.

Wetter

Die Winter sind gemäßigt, zwischen Oktober und Februar kann es oft regnen. Die Sommer sind warm, mit klaren, heißen Tagen und Temperaturen von durchschnittlich 26 °C im Juli und August. Frühling und Herbst sind wohl die besten Reisezeiten mit Temperaturen um 21°C und weniger Besuchern, auch wenn man mit Regen rechnen muss.

Information

Die Hauptinformation **Turismo Central** liegt am Nordende der Avenida dos Aliados. Eine weitere Information finden Sie an der Terreira Sé, kleinere Informationsbüros an der Praça da Ribeira, der Praça da Liberdade und dem Bahnhof Campanhã.

Ausflüge

Douro Azul bietet Fahrten auf nachgebauten historischen Booten, unterwegs hat man einen herrlichen Blick auf Ribeira, Vila Nova de Gaia und Portos Brücken. **Taste Porto** organisiert Spezialitäten-Touren, **Biclas & Triclas** *(siehe S. 111)* geführte Radtouren im Zentrum und am Douro entlang. Mit **Vintage Tram Tour** fahren Sie mit Portos Oldtimer-Tram vom Museu do Carro Eléctrico nach Foz do Douro.

Sprache

Portugiesisch ist die offizielle Sprache, die in Portugal gesprochen wird. Englisch ist in den Städten weitverbreitet. Wenn Sie vorhaben, über die Stadtgrenzen hinauszufahren, sollten Sie bedenken, dass Englisch in ländlichen Gebieten weniger verbreitet ist.

Religion & Etikette

Portugal ist bis heute stark katholisch geprägt. Die meisten Kirchen und Kathedralen lassen während der Sonntagsmesse keine Besucher zu. Der Eintritt in die Kirchen ist in der Regel frei, für den Zutritt zu besonderen Bereichen wie dem Kreuzgang oder der Krypta kann jedoch eine Gebühr erhoben werden.

Beim Besuch religiöser Gebäude sollten Sie sich angemessen kleiden und Knie und Schultern bedeckt halten. Verzichten Sie auf die Benutzung von Mobiltelefonen, und sprechen Sie leise, um niemanden beim Gebet zu stören.

Restaurants

In Porto isst man vor allem mittags häufig auswärts. Es gibt überall preiswerte Restaurants und *tascas*, die *petiscos* (Tapas) servieren. Die traditionelle Küche basiert auf Meeresfrüchten aus dem Atlantik sowie Erzeugnissen aus dem Douro-Tal und Minho.

Vegetarier und Veganer haben es nicht leicht in Porto, sie finden aber auf den Lebensmittelmärkten einige Optionen. Kindergerichte und -einrichtungen gibt es in nur wenigen Lokalen, aber Familien sind überall willkommen.

Hotels

In den beliebtesten Stadtteilen sind Hotelzimmer oft teuer, vor allem im Sommer und zu großen Sport- und Kulturveranstaltungen. Das Angebot erstreckt sich jedoch über alle Preisklassen und reicht von Hotelketten über schicke Boutique-Hotels in alten Stadthäusern bis zu luxuriösen Spa-Hotels. Zudem bieten gemütliche Gästehäuser sowohl Zimmer mit Bad als auch Schlafsäle.

Post

CTT Correios de Portugal
W ctt.pt

Autofahren

ACP
T +351 215 915 915
W acp.pt

Information

Turismo Central
Praça Almeida Garrett 27
T +351 935 557 024
W visitporto.travel

Ausflüge

Douro Azul
W douroazul.com

Taste Porto
W tasteporto.com

Vintage Tram Tour
W stcp.pt

Hotels

Preiskategorien
Preis für ein Standard-Doppelzimmer pro Nacht mit Frühstück, Steuern und Service.

€ unter 120 € €€ 120–200 € €€€ über 200 €

Luxushotels

M Maison Particulière Porto
Karte F4 ■ Largo de São Domingos 66 ■ www.m-porto.com ■ €€
In diesem gemütlichen, liebevoll umgebauten Stadthaus aus dem 16. Jahrhundert unterstreichen satte Gelb- und warme Rottöne das polierte Holz, das freigelegte Mauerwerk und die originalen Stuckdecken. Der Service ist tadellos, die zehn schönen Zimmer und Suiten sind alle individuell dekoriert.

Vincci Porto
Karte C3 ■ Alameda de Basílio Teles 29 ■ www.vincciporto.com ■ €€
Der Inbegriff von postindustriellem Chic: Das Gebäude des Vincci Porto am Ufer in Ribeira war früher Portos zentraler Fischmarkt. Heute heißt man hier mit hellen, großen Zimmern und Gemeinschaftsräumen Gäste willkommen.

Sheraton Porto Hotel & Spa
Karte B1 ■ Rua do Tenente Valadim ■ www.marriott.com ■ €€
Das markante Hotel gleich bei der Avenida da Boavista bietet seinen Gästen den gesamten für eine internationale Hotelkette üblichen, modernen Komfort.

Oca Flores Hotel Boutique
Karte F4 ■ Rua das Flores 139 ■ www.floresvillage.com ■ €€€
Das Oca Flores Hotel Boutique bietet beides: eine luxuriöse Resort-Ausstattung mit großen ruhigen Grünanlagen und eine einmalige Lage im Zentrum samt herrlichem Blick über die Dächer von Portos Altstadt.

Hospes Infante Sagres
Karte F3 ■ Praça D. Filipa de Lencastre 62 ■ www.hospes.com ■ €€€
Die Grande Dame unter Portos Hotels ist mit schicker neuer Café-Bar und stylish ausgestatteten Zimmern und Luxussuiten eleganter denn je zuvor. Das historische Haus im Zentrum bietet darüber hinaus schöne Elemente wie Kassettendecken und Parkettböden.

Vila Foz Hotel & Spa
Karte N2 ■ Ave Montevideu 236 ■ www.vilafozhotel.pt ■ €€€
Das gemütliche Hotel in einem schlossartigen Bau aus dem 19. Jahrhundert besitzt wunderbare Zimmer und opulente Suiten mit herrlichem Blick auf den Atlantik. Zum Haus gehören zwei exzellente gehobene Restaurants, von denen eines auf lokales Seafood spezialisiert ist, sowie ein großartiges Spa, in dem man sich nach Touren durch die Stadt erholen kann.

Boutique-Hotels

Castelo Santa Catarina
Karte G3 ■ Rua de Santa Catarina 1347 ■ www.castelosantacatarina.com ■ €
Kunstvolle blau-weiße Azulejos und auffällige Dachtürmchen zieren diese Miniatur-Burg in einem parkähnlichen Garten. Mit nur fünf Zimmern hat das Hotel ein behagliches und romantisches Ambiente. Früh buchen!

1872 River House
Karte F5 ■ Rua do Infante D. Henrique 133 ■ www.oliviahouses.com ■ €€
Das hübsche kleine rosafarbene Hotel am Fluss besitzt acht individuell dekorierte und möblierte Zimmer (teils mit weitem Blick über den Douro) sowie eine schöne Terrasse. Frühstück wird ganztägig angeboten.

Hotel Torel Avantgarde
Karte E4 ■ Rua da Restauração 336 ■ www.torelboutiques.com ■ €€
Das treffend benannte Boutique-Hotel mit 47 individuell gestalteten Zimmern und farbenfrohen Gemeinschaftsräumen ist praktisch auch eine Kunstgalerie. Zum Haus gehören eine Cocktailbar, ein gehobenes Restaurant mit Blick über den Fluss und ein gut ausgestattetes Spa.

The Yeatman

Karte F6 ■ Rua do Choupelo ■ www.the-yeatman-hotel.com ■ €€€
Als das wahrscheinlich am höchsten bewertete Hotel der Stadt verwandelt The Yeatman einen Porto-Besuch in ein wohl unvergessliches Erlebnis. Zum Haus gehören ein Sternerestaurant, ein hervorragendes Spa, ein Hallenbad und ein Pool im Freien.

Mittelklassehotels & Gästehäuser

B the Guest

Karte F3 ■ Rua Formosa 331 ■ www.btheguest.com ■ €
Modernes Design dominiert das Flair dieses Zehn-Zimmer-Hotels beim lebhaften Bolhão-Markt. Untergebracht ist es im Gebäude einer einstigen Textilfabrik aus dem 19. Jahrhundert. Die Zimmer bieten Sitzbereiche, Terrassen und teilweise eine Ausstattung für Selbstversorger.

Hotel da Música

Karte D2 ■ Mercado do Bom Sucesso ■ www.hoteldamusica.com ■ €
Zu den Vorzügen des kleinen schicken Hotels im Mercado Bom Sucesso gehören der frühe Check-in und späte Check-out – ideal für alle, die ihren Kurzurlaub in Porto voll auskosten möchten, ohne den ganzen Tag ihr Gepäck mit sich herumschleppen zu müssen.

In Porto Gallery Guesthouse

Karte G3 ■ Rua Bonjardim 358 ■ www.inporto.pt ■ €
Alle sechs Zimmer in diesem hübschen Gästehaus im Herzen von Porto wurden von den Besitzern individuell eingerichtet und schön gestaltet. Im kleinen Garten kann man wunderbar entspannen, die Sehenswürdigkeiten der Altstadt sind bequem erreichbar.

Spot Apartments Trinidade

Karte G6 ■ Rua de Camões 33 ■ www.spotapartments.pt ■ €
Spot Apartments bietet in der ganzen Altstadt sehr moderne, schlichte Selbstversorger-Apartments mit ein, zwei oder drei Zimmern.

Vila Galé Porto Ribeira

Karte D4 ■ Cais das Pedras 17–22 ■ www.vilagale.com ■ €€
Für dieses moderne Hotel am Douro wurden vier miteinander verbundene Häuser am Flussufer umgebaut. Die Zimmer und Gemeinschaftsräume sind hübsch dekoriert, von der sonnigen Terrasse am Wasser kann man beim Essen den vorbeifahrenden Booten und Fähren zusehen.

Preiswerte Hotels

Casa das Laranjas

Karte P4 ■ Rua das Laranjeiras 86 ■ +351 965 445 624 ■ €
In dem gemütlichen alten Stadthaus in Foz Velha werden vier einfache, mit Antiquitäten möblierte Suiten vermietet, Wohnzimmer, Esszimmer und Küche werden gemeinsam genutzt. Gruppen können auch das ganze Haus mieten, Frühstück und Service können dazugebucht werden.

Duas Nações

Karte F3 ■ Praça Guilherme Gomes Fernandes 59 ■ www.duasnacoes.com ■ €
Das freundliche preiswerte Hotel ist vor allem bei Rucksacktouristen sehr beliebt. Übernachtet wird in Schlafsälen oder aber in Doppelzimmern, die man vorab buchen muss.

WOT Porto

Karte F3 ■ Rua da Conceição 80 ■ +351 926 250 769 ■ €
Die großen bequemen Zimmer (mit Bad) des zentral gelegenen Hotels sind in ruhigen neutralen Farben gehalten, von einigen genießt man einen grandiosen Blick auf die Stadt.

Legendary Porto Hotel

Karte G4 ■ Praça da Batalha 127–130 ■ www.legendaryportohotel.com ■ €
Das gemütliche Hotel im Zentrum bietet helle Zimmer mit modernen Möbeln und schönem Stadtblick. Zum Haus gehören eine Bar, eine Lounge, ein kleiner Fitnessraum, ein Konferenzraum, eine Gepäckaufbewahrung.

Porto Lounge Hostel & Guest House

Karte F3 ■ Rua do Almada 317 ■ www.portoloungehostel.com ■ €
Das Hostel in einem Altstadthaus aus dem 18. Jahrhundert besitzt eine Reihe von (auch gemischten) Schlafsälen, Doppelzimmer mit Etagenbad, Familienzimmer und einen hübschen Hof, Kaffee und Frühstück sind im Zimmerpreis inbegriffen.

Textregister

Fett gedruckte Seitenzahlen beziehen sich auf Haupteinträge.

Bildnachweis & Impressum

Autor

Robin Gauldie ist Reisejournalist und erkundet Portugal seit den 1970er Jahren von den Stränden im Süden bis zu den Bergen im Norden. Als er Porto 1983 das erste Mal besuchte, war es noch eine verschlafene Stadt – seitdem hat es sich zu einem pulsierenden kosmopolitischen Zentrum entwickelt. Robin Gauldie lebt im schottischen Edinburgh und schreibt für eine ganze Reihe von internationalen Reisepublikationen.

Mitautoren
Nike Westroh, Jacint Mig

DK London

Mitwirkende
Luísa Santos Amorim

Lektorat
Georgina Dee, Halima Mohammed, Helen Peters, Anjasi N.N., Dipika Dasgupta, Rebecca Flynn, Alison McGill, Beverly Smart, Shikha Kulkarni, Hollie Teague

Gestaltung und Bildredaktion
Maxine Pedliham, Priyanka Thakur, Sarah Snelling, Divyanshi Shreyaskar, Vinita Venugopal, Tanveer Zaidi, Vagisha Pushp

Kartografie
Suresh Kumar, Mohammed Hassan

Herstellung
Jason Little, Samantha Cross

Bildnachweis

(l=links, r=rechts, o=oben, u=unten, m=Mitte)

DK dankt den folgenden Personen, Einrichtungen, Unternehmen und Bildarchiven für die freundliche Erlaubnis, ihre Fotos zu reproduzieren:

123RF.com: Karol Kozlowski 54ul; Sean Pavone 20mlo, 34ur, 75or; Jacek Sopotnicki 59or.

4Corners: Gabriele Croppi 14um; Hans-Georg Eiben 12–13u.

Alamy Stock Photo: age fotostock / Kevin O´Hara 28–29m, 57mr; agsaz 16–17m; Michael Brooks 2ol, 8–9; Casarolli 65ur; Luis Costa 26ur; Ian Dagnall 3or, 17ol, 33ol, 42ml, 108–109; DanitaDelimont.com / Jim Engelbrecht 62ul, / Terry Eggers 62or; François-Olivier Dommergues 17mru; Juliet Ferguson 45or; Carole Anne Ferris 48ol; FLUEELER URS 67mlu; Stuart Forster 21or; Manfred Gottschalk 55mr, 74u, 96ol; Kristin Greenwood 102mlo; Hemis.fr / Jacques Pierre 11mlu, 32u; Image Professionals GmbH 24–25m / Sabine Lubenow 4mlo, 25ol, 86–87; INTERFOTO / History 38u; kpzfoto 26mlu, 34–35m, 70mlo, 78mlo, 96u; M. Sobreira 31om, 49mr, 101u; Dov Makabaw 35ur, 103mr; Daniela Maria 66o; Stefano Politi Markovina 13mr, 43u; Mikehoward 3 21ol; Hercules Milas 47o, 89or; Patrick Forget 10mlu, 16ul; Greg Patrick 103o; Sean Pavone 35ol, 72ml; Glen Pearson 99ol; The Picture Art Collection 39ol, 39ur; Ievgeniia Pidgorna 88mlo; Paul Quayle 27mru; Simon Reddy 58mo, 59ml; Robert Harding 95or; Rosalrene Betancourt 9 64u; Serrat 27ol; SOPA Images Limited 67or; Stockimo / Nik R-H 65ol; travelstock44.de / Jürgen Held 45ml, 94mlo; Yuri Turkov 43ol; Ivan Vdovin 81ul; Tim E White 4mlu; John G. Wilbanks 58ul; Rob Wilkinson 4ml; Philipp Zechner 56ur.

Antiqvvm: 85mu.

Arco-da-Velha Bistro: 92ml.

AWL Images: Karol Kozlowski 7or; Nick Ledger 12ml, 51or, 51u; Stefano Politi Markovina 6or.

Bacalhau: 61ul.

C'alma: 76ol.

Digby: 85mlo.

DOP: 77mr.

Dreamstime.com: Nuno Almeida 38m; Bagwold 63ur; Benkrut 11ur; Artur Bogacki 82ol; José Carvalho 30ol; Richie Chan 71u; Luis Costa 98ul; Henner Damke 106o; Efired 19or; Fotokon 13ol, 54o; Katatonia82 44ol; Kisamarkiza 50ul; Iuliia Lavrinenko 72–73um; Olgacov 4o; Elena Osorgina 80o; Sean Pavone 10ur; Vítor Ribeiro 40u, 71ol; Ricardo Rocha 104u; Rosshelen 4u; Saiko3p 11mro, 15or, 32–33m, 79or; Toxawww 2or, 36–37; Alvaro German Vilela 44ur; Zoom-zoom 41m; Zts 10mlo, 18r, 73ol.

Fundação Casa da Música: Alexandre Delmar 11ol, 24ml; João Messias 24ul.

Fundação de Serralves: 30mru; Fernando Guerra | FG+SG 29ur, 29or; Luís Vasconcelos 11mr, 28ml.

Getty Images: Corbis News / Horacio Villalobos 31ul; Jeff Greenberg 90u; Moment / vrfoto 40ol; Photodisc / Maremagnum 4mro.

Intrigo: 60mu.

iStockphoto.com: GordonBellPhotography 48u; Gwengoat 91ol; LeoPatrizi 22 – 23; PRG-Estudio 52 – 53; SeanPavonePhoto 1; Starcevic 105ol; SvetlanaSF 4ol, 68–69; THEGIFT777 20 – 21u.

Mirajazz: 84u.

Museu da Misericórdia do Porto: 46ml.

Museu Nacional Soares dos Reis: 32ml, 33mru, 47um.

Ó! Galeria: 83mru.

Petiscaria Santo António: 61or.

Planetário do Porto - Ciência Viva Center: 56ol.

Quinta do Crasto: 4mru.

Restaurante Casa Agrícola: 93or.

Shutterstock: trabantos 10m, 14ml, 15ol, 26 – 27m.

Taberninha do Manel: 100mlo.

Tavi: 107ur.

Torres dos Clérigos / Bruderschaft der Kleriker: 10mru, 18ml, 19ml.

Vogue Café: 76ur.

The Yeatman: 60or.

Umschlag:

Vorderseite & Buchrücken:
Getty Images / iStock: Leonid Andronov.
Rückseite: **123RF.com:** Anton Gvozdikov ur; **Alamy Stock Photo:** Michael Brooks or; **AWL Images:** Stefano Politi Markovina ml; **iStockphoto.com: Quinta do Crasto:** ol.

Extrakarte:

Titelbild: **Getty Images / iStock:** Leonid Andronov.

Alle anderen Bilder: © Dorling Kindersley.

Titel der englischen Originalausgabe
DK Eyewitness Top 10 Porto

Aktualisierte Neuauflage 2024/2025

Verlagsleitung Monika Schlitzer
Programmleitung Heike Faßbender
Redaktionsleitung Stefanie Franz
Herstellungskoordination
Antonia Wiesmeier

Covergestaltung Roman Bold & Black, Köln

Übersetzung Barbara Rusch, München

Redaktion Matthias Liesendahl, Berlin

Schlussredaktion Philip Anton, Köln

Satz & Produktion DK Verlag

Druck Vivar Printing, Malaysia

ISBN 978-3-7342-0798-3
2 3 4 5 6 26 25 24

www.dk-verlag.de

Sprachführer

Im Notfall

Hilfe!	**Socorro!**
Stopp!	**Páre!**
Rufen Sie einen Arzt!	**Chame um médico!**
Rufen Sie einen Krankenwagen!	**Chame uma ambulância!**
Rufen Sie die Polizei!	**Chame a polícia!**
Rufen Sie die Feuerwehr!	**Chame os bombeiros!**
Wo ist das nächste Telefon?	**Há um telefone aqui perto?**
Wo ist das nächste Krankenhaus?	**Onde é o hospital mais próximo?**

Grundwortschatz

Ja	**Sim**
Nein	**Não**
Bitte	**Por favor / Faz favor**
Danke	**Obrigado / Obrigada**
Entschuldigung	**Desculpe**
Hallo	**Olá**
Auf Wiedersehen	**Adeus**
Guten Tag (bis 12 Uhr)	**Bom dia**
Guten Tag	**Boa tarde**
Gute Nacht	**Boa noite**
gestern	**ontem**
heute	**hoje**
morgen	**amanhã**
hier	**aqui**
dort	**ali**
Was?	**O quê?**
Welches?	**Qual?**
Wann?	**Quando?**
Warum?	**Porquê?**
Wo?	**Onde?**

Nützliche Redewendungen

Wie geht es Ihnen?	**Como está?**
Danke, gut.	**Bem, obrigado / obrigada.**
Sehr erfreut.	**Encantado / Encantada.**
Bis bald.	**Até logo.**
In Ordnung.	**Está bem.**
Wo ist / sind …?	**Onde está / estão …?**
Wie weit ist es bis …?	**A que distância fica …?**
Wie komme ich nach …?	**Como se vai para …?**
Sprechen Sie Deutsch?	**Fala alemão?**
Ich verstehe nicht.	**Não compreendo.**
Es tut mir leid.	**Desculpe.**
Könnten Sie langsamer sprechen?	**Pode falar mais devagar por favor?**

Nützliche Wörter

groß	**grande**
klein	**pequeno**
heiß	**quente**
kalt	**frio**
gut	**bom**
gut (Adverb)	**bem**
schlecht	**mau**
genug, ziemlich viel	**bastante**
geöffnet	**aberto**
geschlossen	**fechado**
links	**esquerda**
rechts	**direita**
geradeaus	**em frente**
nah	**perto**
weit	**longe**
hinauf	**para cima**
hinunter	**para baixo**
früh	**cedo**
spät	**tarde**
Eingang	**entrada**
Ausgang	**saída**
Toiletten	**casa de banho**
mehr	**mais**
weniger	**menos**

Telefonieren

Ich möchte ein Ferngespräch führen.	**Quero fazer uma chamada internacional.**
Ich möchte ein Ortsgespräch führen.	**Quero fazer uma chamada local.**
Kann ich eine Nachricht hinterlassen?	**Posso deixar uma mensagem?**

Shopping

Wie viel kostet das?	**Quanto custa isto?**
Ich hätte gern …	**Queria …**
Ich schaue nur.	**Estou só a ver.**
Akzeptieren Sie Kreditkarten?	**Aceita cartões de crédito?**
Wann öffnen / schließen Sie?	**A que horas abre / fecha?**
dieses	**este**
jenes	**esse**
teuer	**caro**
preiswert	**barato**
Schuhgröße	**número de calçado**
Kleidergröße	**tamanho**
weiß	**branco**
schwarz	**preto**
rot	**vermelho**
gelb	**amarelo**
grün	**verde**
blau	**azul**

Läden & Märkte

Antiquitätenladen	**loja de antiguidades**
Apotheke	**farmácia**
Bäckerei	**padaria**
Bank	**banco**
Buchhandlung	**livraria**
Fischladen	**peixaria**
Friseur	**cabeleireiro**
Kiosk	**quiosque**
Konditorei	**pastelaria**
Markt	**mercado**
Metzgerei	**talho**
Postamt	**correios**
Reisebüro	**agência de viagens**
Schuhgeschäft	**sapataria**
Supermarkt	**supermercado**
Tabakladen	**tabacaria**

Sightseeing

an Feiertagen geschlossen	**fechado para férias**
Azulejo / bemalte Keramikfliese	**azulejo**
Bahnhof	**estação de comboios**
Bibliothek	**biblioteca**
Busbahnhof	**estação de autocarros**
Garten / Park	**jardim**
Kathedrale	**sé**
Kirche	**igreja**
manuelinisch (spätgotischer Architekturstil)	**manuelino**
Museum	**museu**
Tourismusbüro	**posto de turismo**

Im Hotel

Haben Sie ein freies Zimmer?	**Tem um quarto livre?**
Zimmer mit Bad / Dusche	**um quarto com casa de banho / duche**
Einzelzimmer / Doppelzimmer	**quarto individual / de casal**
Zweibettzimmer	**quarto com duas camas**
Portier	**porteiro**
Schlüssel	**chave**
Ich habe ein Zimmer reserviert.	**Tenho um quarto reservado.**

Im Restaurant

Haben Sie einen Tisch für …?	**Tem uma mesa para …?**
Ich möchte einen Tisch reservieren.	**Quero reservar uma mesa.**
Die Rechnung, bitte.	**A conta por favor.**
Ich bin Vegetarier.	**Sou vegetariano / a.**
Ober, bitte (Anrede)	**Por favor!**
Speisekarte	**a lista**
Festpreismenü	**a ementa turística**
Weinkarte	**lista de vinhos**
Glas	**um copo**
Flasche	**uma garrafa**
halbe Flasche	**meia garrafa**
Gabel	**um garfo**
Löffel	**uma colher**
Messer	**uma faca**
Teller	**um prato**
Frühstück	**pequeno almoço**
Mittagessen	**almoço**
Abendessen	**jantar**
Gedeck	**couvert**
Hauptgericht	**prato principal**
Tagesgericht	**prato do dia**
Vorspeise	**entrada**
Nachtisch	**sobremesa**
halbe Portion	**meia-dose**
blutig	**mal passado**
mittel	**médio**
durchgebraten	**bem passado**

Auf der Speisekarte

abacate	Avocado
açorda	Brotsuppe (oft mit Seafood)
açúcar	Zucker
água mineral (com / sem gás)	Mineralwasser (mit / ohne Kohlensäure)
alho	Knoblauch
alperce	Aprikose
amêijoas	Herzmuscheln
ananás	Ananas
arroz	Reis
assado	gebraten
atum	Thunfisch
aves	Geflügel
azeite	Olivenöl
bacalhau	Kabeljau
banana	Banane
batatas	Kartoffeln
batatas fritas	Pommes frites
batido	Milchshake
bica	Espresso
bife	Steak
bolacha	Keks
bolo	Kuchen
borrego	Lamm
caça	Wild
café	Kraut
camarões	Krabben
caracol	Schnecke
caranguejo	Krebs
carne	Fleisch

cataplana	Metalltopf mit dicht schließendem Deckel für gedünstete Gerichte
cebola	Zwiebel
cerveja	Bier
chá	Tee
cherne	Seebarsch
chocolate	Schokolade
chocos	Tintenfisch
chouriço	rote, würzige Wurst
churrasco	Spießbraten
cogumelos	Pilze
cozido	gekocht
enguia	Aal
fiambre	Schinken
fígado	Leber
frango	Huhn
frito	gebraten/frittiert
fruta	Frucht, Obst
gambas	Garnelen
gelado	Eiscreme
gelo	Eis
goraz	Brasse
grelhado	gegrillt
iscas	marinierte Leber
lagosta	Hummer
laranja	Orange
leite	Milch
limão	Zitrone
limonada	Limonade
linguado	Seezunge
lulas	Tintenfisch
maçã	Apfel
manteiga	Butter
marisco	Meeresfrüchte
meia-de-leite	Milchkaffee
ostra	Auster
ovo	Ei
pão	Brot
pastel	Teigtasche
pato	Ente
peixe	Fisch
pimenta	Pfeffer
polvo	Oktopus
porco	Schweinefleisch
queijo	Käse
sal	Salz
salada	Salat
salsichas	Würstchen
sanduíche	Sandwich
sopa	Suppe
sumo	Saft
tamboril	Seeteufel
tarte	Käse-/Obstkuchen
tomate	Tomate
torrada	Toast
tosta	getoastetes Sandwich
vinagre	Essig
vinho branco / tinto	Weiß-/Rotwein
vitela	Kalbfleisch

Zahlen

0	**zero**
1	**um / uma**
2	**dois / duas**
3	**três**
4	**quatro**
5	**cinco**
6	**seis**
7	**sete**
8	**oito**
9	**nove**
10	**dez**
11	**onze**
12	**doze**
13	**treze**
14	**catorze**
15	**quinze**
16	**dezasseis**
17	**dezassete**
18	**dezoito**
19	**dezanove**
20	**vinte**
21	**vinte e um**
30	**trinta**
40	**quarenta**
50	**cinquenta**
60	**sessenta**
70	**setenta**
80	**oitenta**
90	**noventa**
100	**cem**
101	**cento e um**
102	**cento e dois**
200	**duzentos**
300	**trezentos**
400	**quatrocentos**
500	**quinhentos**
600	**seiscentos**
700	**setecentos**
800	**oitocentos**
900	**novecentos**
1000	**mil**

Zeit

eine Minute	**um minuto**
eine Stunde	**uma hora**
eine halbe Stunde	**uma meia-hora**
Montag	**segunda-feira**
Dienstag	**terça-feira**
Mittwoch	**quarta-feira**
Donnerstag	**quinta-feira**
Freitag	**sexta-feira**
Samstag	**sábado**
Sonntag	**domingo**